INTERPRÉTEZ VOS RÊVES

- Maquette de la couverture: JACQUES DESROSIERS
- Maquette et mise en pages: DONALD MORENCY
- Photo de la couverture: BERNARD NOBERT

DISTRIBUTEURS EXCLUSIFS:

- Pour le Canada et les États-Unis:
  LES MESSAGERIES ADP*
  955, rue Amherst, Montréal H2L 3K4
  Tél.: (514) 523-1182
  Télécopieur: (514) 521-4434
  * Filiale de Sogides Ltée

- Pour la Belgique et le Luxembourg:
  PRESSES DE BELGIQUE S.A.
  Boulevard de l'Europe 117
  8-1301 Wavre
  Tél.: (10) 41-59-66
  (10) 41-78-50
  Télécopieur: (10) 41-20-24

- Pour la Suisse:
  TRANSAT S.A.
  Route du Grand-Lancy, 2, C.P. 125, 1211 Genève 26
  Tél.: (41-22) 42-77-40
  Télécopieur: (41-22) 43-46-46

- Pour la France et les autres pays:
  INTER FORUM
  13, rue de la Glacière, 75624 Paris Cédex 13
  Tél.: (33.1) 43.37.11.80
  Télécopieur: (33.1) 43.31.88.15
  Télex: 250055 Forum Paris

Louis Stanké

INTERPRÉTEZ VOS RÊVES

LES ÉDITIONS DE L'HOMME*
CANADA: 955, rue Amherst, Montréal H2L 3K4

*Division de Sogides Ltée

Bibliothèque nationale du Québec
Dépôt légal — 1er trimestre 1972

ISBN-0-7759-0306-X

SOMMAIRE

« Le rêve est une seconde vie »

Gérard de Nerval

Un livre de recettes de cuisine trouve sa justification dans le fait que tout le monde mange et cherche à bien manger. Nul n'étant exempt de rêver au sens propre du terme, il est certes nécessaire de mieux connaître cette activité que la science moderne a établie comme nécessaire à la simple survie; mieux connaître, c'est-à-dire déchiffrer à partir de la reconstruction effectuée au moment du réveil. Mais l'étude des rêves n'est considérée comme significative que depuis peu par la science officielle alors que des moyens d'interprétation ont été recherchés depuis les temps les plus reculés. Ce sont ces recettes empiriques et antiques par la méthode que ce recueil présente, et certaines d'entre elles ne sont en aucune façon en opposition avec les résultats obtenus par la psychologie.

Il n'est d'homme pour qui la vie consciente est suffisante en vue de la recherche du bonheur absolu. Mais comment l'Absolu peut-il se manifester autrement qu'à l'intérieur des limites corporelles? Les réponses à cette interrogation éternelle ont été nombreuses et une telle démarche naît de la dimension religieuse de l'Etre humain, la Religion étant le lien entre l'homme microcosme et l'Univers ou le Grand Tout ou le Grand Un. Si le postulat de l'existence de Dieu est admis, ce Dieu ne saurait être enfermé dans un cadre spatio-temporel, ce qui rend pour le moins difficile la communication avec une enveloppe charnelle. C'est donc qu'on ne peut concevoir la connaissance de Dieu autrement que par Intuition ou par « plongée directe » dans un état hors conscience, situation somme toute exceptionnelle. Il y a plusieurs façons d'appréhender un tel phénomène avec les « moyens du bord ». Si nous laissons de côté les mythes et les légendes qui constitueraient une sorte de pédagogie religieuse ou selon certains une dégénérescence des symboles fondamentaux, il reste quand même plusieurs issues à la disposition de l'individu à qui l'Initiation est interdite.

Parmi ces techniques d'approche, plusieurs remontent aux premiers âges de l'humanité et ont été par le temps éprouvées et acceptées. Le Yoga et la prière qui en sont des formes dépouillées, apparaissent cependant assez tardivement au moment où certaines sociétés vont s'éloigner des pratiques magiques de communion avec les éléments naturels. L'usage des drogues s'est maintenu à travers l'histoire et il faudrait y voir autant sinon plus que la recherche de plaisirs artificiels, une technique de mise en sommeil de la Volonté et de la Morale.

Dans l'attente du Paradis ou du Nirvâna, il reste une ouverture sur l'Ailleurs, un médium de communication qui a l'avantage d'être à la portée de tous et d'avoir été l'objet de nombreuses réflexions: Le Rêve.

Tout homme rêve, quels que soient son âge, son intelligence ou son éducation, ce premier fait est indéniable; et si Paul Valéry a pu dire (avant les travaux récents des neurophysiologistes) que « le rêve est une hypothèse puisque nous ne le connaissons jamais que par le souvenir », admettons que ces souvenirs sont assez fréquents et assez marqués pour qu'on puisse recueillir de précieuses informations.

Malgré les études nombreuses effectuées ces dernières années, le rêve garde encore sa part du mystère que Freud a certes cherché à éclaircir. Tant il est vrai que la mise en évidence des phénomènes électriques du cerveau n'a pu que faire enregistrer des effets dont l'importance médicale demeure mais qui ne sont d'aucune utilité quant à l'interprétation des rêves. Remarquons à ce sujet que contrairement à une croyance très répandue, les rêves durent assez longtemps, jusqu'à 90 minutes pour 8 heures de sommeil, ainsi que les recherches entreprises à l'Université de Chicago l'ont démontré.

Trois tentatives d'explication ont été adoptées à l'égard du Rêve, phénomène global. Elles sont apparues à des époques différentes sans que l'une d'entre elles soit définitivement victorieuse:

— le rêve est une moyen de connaissance de l'Universel
— le rêve est destiné à la satisfaction d'un besoin physiologique
— le rêve est un mode de perception proche de la création artistique.

La fonction physiologique du rêve

Examinons brièvement l'attitude qui consiste à voir dans le rêve la satisfaction d'un besoin physiologique. Elle a été adoptée au moment où la science occidentale prenait son essor dès avant le 19e siècle, pour être reprise de nos jours. Utilisée par Freud (« le rêve est le gardien du sommeil »), elle a été singulièrement étendue par le maître de Vienne et ses disciples qui sont parvenus rapidement à définir le rêve comme un état ou un niveau par rapport à la conscience. On a dit souvent que la psychologie du rêve est ainsi née. En réalité, l'immense apport de la psychanalyse est d'avoir donné un sens humain au phénomène, car si les dieux parlent pendant le sommeil, les rêves ne peuvent appartenir aux hommes.

Les désirs refoulés par la morale, par les convenances sociales vont se donner libre cours dans le rêve mais sans doute de manière symbolique ou cachée. Le psychanalyste doit alors intervenir jusqu'à forcer son patient à extérioriser son désir, à l'assumer; le rêve parvient alors au niveau de la conscience et exerce une fonction libératrice.

Plus tard, C. Jung a enrichi la pensée de Freud qui mettait surtout en évidence des thèmes sexuels, en soulignant à son tour la permanence de certaines images dans les rêves des hommes de toutes les époques. Les images (ou archétypes) traduites dans les légendes et les récits mythologiques ont incité Jung à utiliser l'expression de « Subconscient », par rapport à un Inconscient individuel.

Là encore, le rêve se comporte comme une sorte de mémoire du passé individuel et collectif, agissant en définitive comme moyen de défense anti-contraintes.

Le rêve moyen de connaissance de l'Universel; le rêve et l'Avenir

Aussi loin que nous pouvons remonter dans le temps, les rêves ont été perçus comme prémonitoires et parfois prophétiques, sans doute souvent parce qu'ils constituaient une excellente méthode d'explication de l'Histoire. A cet égard, on ne manque pas d'être frappé par le nombre de rêves ou de songes prophétiques qui ont précédé les grandes décisions des grandes figures historiques. Il faut peut-être y voir l'action de ceux qui ont été jusqu'à se faire une spécialité de l'interprétation des rêves comme, par exemple, les devins en Egypte pharaonique, qui étaient haut placés dans la hiérarchie des prêtres. La Bible est très riche de cas de rêves prophétiques (citons Jacob et Ezéchiel), de même que l'Iliade et l'Odyssée. Puis le christianisme n'a pas manqué d'utiliser les rêves comme technique de communication entre Dieu et les hommes, les saints en particulier. Il faut noter à ce propos que les Anges étaient des messagers très zélés.

De nos jours, ces activités ont été, semble-t-il, considérablement ralenties, mais on retrouve toujours dans les rêves un certain nombre d'objets ou de signes insistants; quelques espèces animales (aigles, chevaux, chats) hantent régulièrement les dormeurs. Par ailleurs, les traditions orales se sont perpétuées depuis le déclin des anciennes sciences divinatoires par l'intermédiaire de populations au destin singulier. En Europe occidentale, les bohémiens (appelés également suivant les pays Gitans, Tziganes), dont l'origine n'est pas totalement connue, ont conservé les techniques d'interprétation.

En Europe orientale, les Lituaniens des provinces baltiques sont, avec les Lettons, les descendants d'un peuple venant en droite ligne d'Asie indienne. Les linguistes ont reconnu chez ces peuples les plus proches parents (quant à la langue) des anciens et légendaires aryas fixés en Inde il y a environ 35 siècles. Souvent envahis, dominés, par Germains et Slaves, les Lituaniens, confinés aux tâches les plus rudes, ont soigneusement gardé les traditions orales sous formes de contes et proverbes. Sans doute pourrait-on déceler une lointaine parenté avec les bohémiens dispersés.

Les sceptiques, bien sûr, nieront toute possibilité de connaissance du futur; c'est leur droit le plus strict quand bien même les traditions les plus solides ont traversé les siècles. Signalons toutefois que les cultures populaires ont transmis des connaissances empiriques tout à fait précises en matière de météorologie ou de médecine naturelle. Signalons encore qu'il existe une discipline récente, la Prospective, qui, à l'aide de milliers de données, peut établir une vue du Futur technologique, à première vue sérieuse. Et puisqu'on a souvent comparé le cerveau à un ordinateur, pourquoi les rêves ne seraient-ils pas programmés en fonction de l'Avenir? Le cerveau, mémoire du passé de l'individu, utiliserait toutes les données comme la mémoire de l'Ordinateur. Encore reste-t-il à déterminer qui serait le « programmeur ».

On conviendra qu'il n'est pas sûr que traditions et science moderne ne puissent là aussi se réconcilier. Freud et ses disciples ont établi le rôle du rêve comme technique d'investigation de l'Inconscient (ou Subconscient). Connaître un Inconscient, si fort qu'il peut nous faire agir contre notre volonté, est déjà une aide précieuse; savoir en outre que cet Inconscient peut être combattu non par la seule Raison ou Volonté, mais par la psychanalyse, est un grand pas en avant. Le Rêve est alors un instrument privilégié en ce sens que dégagé de tous les interdits accumulés pendant la vie consciente, de toutes les contraintes du milieu, de tous les désirs refoulés. Et en définitive, peut-être est-il plus approprié d'utiliser l'expression de subconscient puisque le rêve permettrait de sonder les niveaux inférieurs de la conscience où se produiraient en particulier les conflits d'ordre sexuel. Et s'il existe un niveau supra-conscient seul capable d'être en contact avec l'Universel, alors le rêve serait un moyen de perception hors du temps et de l'espace.

Les images, représentations, symboles doivent jouer le rôle de « planche de salut » du psychique, la création artistique étant l'expression de ce besoin. Si on avait à décrire un rêve, ne devrait-on pas employer le langage surréaliste et les surréalistes font-ils autre chose que de matérialiser du rêve? Ainsi, tout individu aurait à sa disposition un instrument ayant pour but d'« arranger » la réalité.

Cet ouvrage est donc un guide, avant tout pratique et simplifié, d'interprétation des rêves dont beaucoup n'ont qu'une signification anodine, ou ne sont que la simple remémoration d'un fait récent. Beaucoup sont un morceau de voile déchiré qu'il faut savoir analyser. L'interprétation doit être souple, c'est-à-dire qu'il faut considérer le rêve comme un avertissement, une possibilité de chance ou de malchance. Souvent, un rêve d'accident par exemple, doit inciter à la prudence; c'est alors une information utile.

Pour utiliser ce livre, il suffira de prendre le mot-clé du rêve et de l'associer avec une seconde représentation qui précisera le lieu ou les circonstances. Le sujet du rêve est le plus souvent impliqué ou en rapport avec le contenu; c'est alors que le rêve deviendra connaissance de soi-même, sinon langage du Ciel.

Y. M. D

A

Abandon: Abandonner sa demeure et sa famille: vous vous retrouverez en prison.
Voir quelqu'un abandonner sa demeure: des amis vous causeront de grandes pertes.

Abattoir: Le voir: signe que bientôt surgiront de votre imagination toutes sortes d'idées.
Voir tuer un animal: méfiez-vous de ne pas être mêlé à des procès de criminels.
Voir beaucoup de sang répandu dans un abattoir: risque d'un grave accident de la route.
Tuer un animal avec cruauté: vous perdrez bientôt un membre de votre famille.

Abeille: Les voir: grand succès.
Les enfermer: grande perte.
Les mettre sur votre tête: grand honneur.
Etre piqué par des abeilles: méfiez-vous de ne pas être impliqué dans une bagarre.
Voir des abeilles porter du miel: signe de richesse.

Accordéon: Le voir: bonne nouvelle.
Apprendre à jouer de l'accordéon: gaspillage de temps.
En jouer dans une salle de danse: pour les jeunes, joie; pour les personnes âgées, fatigue.
L'acheter: vous allez vous faire berner dans vos achats ou dans vos ventes.

Le vendre: vous vous débarrassez de personne ennuyeuses.
Voir d'autres personnes en jouer: grande joie.

Accouchement: Le voir: pour les femmes, signe de succès dan la famille; pour les hommes, signe de malheu pour une personne proche de votre famille.
Etre une femme et sentir les douleurs pui accoucher: vous aurez des relations sexuelle avec des hommes.
Accoucher avec difficulté: votre misère n'aur pas de fin.
Accoucher sans difficulté: votre vie s'améliore ra bientôt.
Accoucher d'une fille: perte de votre maison.
Accoucher d'un garçon: grande joie dans votr maison.
Voir une jeune fille accoucher: pour les fem mes, grande honte; pour les hommes, momen agréable.

Achat: Faire un achat: vous n'êtes pas une personn paresseuse.
Faire un achat et l'offrir: vous allez prochai nement assister à un mariage.
Acheter un objet en fer: vous n'êtes pas satis faite de votre vie.
Acheter un beau cheval: vous serez bientô très fortuné.
Revendre votre achat: signe de malchance.
Perdre votre achat: vous allez subir une perte.

Acier: En voir: méfiez-vous d'ennemis de force supé rieure à la vôtre.
Le battre: votre travail sera utile.
Le casser: vous serez débarrassé des désagré ments.
Le voir chauffer: grande joie.

Acte notarié: L'écrire: signe d'orgueil.
Le reconnaître: attention à la fraude.

Acteur: Voir un acteur: signe de découragement.
Se voir acteur: attention de ne pas être blessé.
Voir des acteurs jouer sur une scène: manque d'intelligence.

Actrice: Voir une actrice: grands désaccords entre vos amis.
La voir jouer: vous serez trompé.
L'aimer: grand malheur.
La demander en mariage: vous allez subir une grande honte.
L'embrasser: perte de votre bonheur.
Danser avec une actrice: désaccord dans votre famille.

Adam et Eve: Les voir: votre famille s'agrandira.
Leur parler: vous vivrez très vieux.
Les chasser de votre maison: méfiez-vous d'une vie misérable.

Adresse: L'écrire ou la lire: un travail désagréable et difficile vous attend.
Chercher une adresse: vous allez perdre du temps.

Adultère: Commettre un adultère: vous finirez votre vie tristement.
Etre adultère et attraper une maladie vénérienne: ennuis et vie misérable.

Affiches: Les regarder: vous serez trompé.
Les lire: travail désastreux.
Les coller: vous allez apprendre de mauvaises nouvelles.

Agenouillement: Etre à genoux: vous aurez de bons conseils.
S'agenouiller devant quelqu'un: soucis.
Voir un prêtre agenouillé: la misère est proche.
Voir de jeunes épousés à genoux: bonne et heureuse vie.
Tomber à genoux: vous subirez une humiliation.

Agneau: Le voir paître: soyez patient.

Aide: Aider quelqu'un dans son travail: vous sere respecté.
Demander de l'aide: méfiez-vous des accidents.
Crier « au secours »: méfiez-vous de personne frivoles qui vous conduiront vers le malheur.
Entendre crier « au secours »: danger impré visible.
Entendre une jeune fille crier « au secours » attention de ne pas avoir d'aventure malheu reuse.
Entendre une jolie femme crier « au secours » pour les hommes, amour inattendu; pour le femmes, succès.
Entendre une femme laide crier « au secours » vous allez être malade.

Aigle: Le voir: vous aurez du succès dans l'agriculture.
Le voir voler: bon voyage pour les voyageurs guérison rapide pour les malades.
L'entendre glatir: venue d'enfants intelligent pour les couples; victoire en amour pour le célibataires.
Le voir tué: frayeur.
L'attraper: joie et succès.

Aiguille: Voir une aiguille: une destinée difficile vou attend.
Coudre: bon succès.
La voir brillante: affaire déplaisante.
Se piquer avec une aiguille: méfiez-vous de bigotes.

Ail: Le voir ou en manger: des secrets vous seron révélés.
Le voir pousser dans le jardin: misère plu grande.
S'en frotter le visage: craignez de subir une grande honte.
L'accrocher dans une chambre: mésentente dans votre maison.
Le sentir: risque de gros rhume.

Ailes: Avoir des ailes: grands succès dans la vie.
Avoir des ailes déchirées: malheur inattendu.

Alcool: En boire: le malheur vous guette.
En offrir: avenir malheureux.
S'en faire offrir: vos amis essaient de vous berner.
En boire sans être ivre: ne gaspillez pas votre fortune.
Voir un baril plein d'alcool: attention à ne pas tomber dans les mains de la police.
Etre un ouvrier et s'enivrer avec de l'alcool: maladie grave.

Alêne: La voir ou s'en servir: attention aux accidents.

Alouette: La voir ou l'entendre chanter: grande joie.
Voir voler beaucoup d'alouettes: vie heureuse.
L'attraper: attention de ne pas pécher.

Alphabet: Le voir: inquiétude au sujet d'études qui seront très importantes pour vous.

Amande: En manger: vous serez riche de manière imprévue.
Manger des amandes amères: perte d'argent imprévisible.

Amazone: Voir une amazone: mécontentement dans votre famille.
La voir à cheval: désaccord dans votre famille.

Ame: La voir: insuccès.
La voir sale et noire: tristesse.
La voir monter au ciel: bonne nouvelle.
La voir brûler: vous aurez un grand chagrin.
La voir chanter: grande joie.
Etre au ciel et chanter avec les âmes: vie heureuse.

Ami: Le voir: grande joie.

Avoir avec lui une conversation agréable: insuccès.
Avoir avec lui une conversation sérieuse: succès et joie.
Voir beaucoup de ses amis: bientôt vous serez en la compagnie de bons amis.
Dire au revoir à ses amis: insuccès dans votre travail.

Amie: La voir: vie heureuse.
Lui parler: grand succès.
L'cmbrasser: pour les hommes, défaveur; pour les femmes, amour.
Se promener avec elle en voiture: votre vie sera belle et heureuse.

Amitié: Etre lié d'amitié avec des pauvres: orgueil.
Etre lié d'amitié avec une femme belle: grand succès en amour.
Etre lié d'amitié avec une femme laide: grand malheur.
Etre lié d'amitié avec un curé; tout le monde vous honorera.

Amour: Aimer une jeune fille belle: grande joie.
Aimer une jeune fille laide: dispute imprévue.
Aimer une vieille femme laide: attention aux maladies contagieuses.
Aimer une petite fille: joie et bonheur.
Etre aimé: grand succès dans la vie.
Aimer sa femme: bonne entente dans le ménage.
Pour une femme, aimer un bel homme: joie et succès.

Amour (faire l'): Avec une femme: vous l'épouserez.
Avec une femme laide: maladie grave.
Avec une femme belle: perte de virginité.
Avec la femme d'un autre: peine d'amour.
Avec le mari d'une autre: mauvaise nouvelle.
Avec sa femme: grande joie.
Avec sa sœur: voyage malheureux.
Avec un étranger: bonheur éternel.

Avec sa mère: amitié obscure.
Pour un vieux garçon avec une femme: grande joie.

Ancre: La voir: vous ferez en bateau un voyage bon et heureux.
La tenir dans ses mains: le danger est proche.
La voir peinte en rouge: grand danger.
La voir peinte en blanc: voyage agréable.

Ane: Le voir debout: grand malheur.
Le voir marcher: vous serez calomnié.
Le monter: travail difficile et déplaisant.
Le voir braire: aventure néfaste.
Voir ses grandes oreilles: vous allez avoir des ennuis.

Anglais: Le voir ou lui parler: faux espoir.
Etre trompé par un Anglais: méfiez-vous, le malheur vous guette.

Anguille: L'attraper: désagréments.
La voir morte: fin de vos ennuis.
La manger: ennuis.

Animal: Lui donner à manger: bonheur.
Le tuer: maladie.
Etre attaqué par un animal: risque d'être blessé.
Voir des animaux: vous serez riche.
Les voir pâturer: vous aurez bientôt un emploi intéressant et bien rémunéré.
Jouer avec des animaux: attention à une mésaventure.
Les tuer pour vous nourrir: procès inattendu.
Les faire travailler: travail difficile mais utile.
Les battre: tristesse.
Les soigner: aide d'un de vos amis.
Les amener pâturer: excellente année pour les fermiers.
Voir des animaux gras: augmentation de vos richesses.
Voir des animaux maigres: tristesse.

Animaux marins: Les voir: heureux succès grâce à vos idées.

Anse: La voir en or: richesse.
La voir en argent: joie de vivre.
Ouvragée d'or ou d'argent: vous aurez un travail très rémunérateur.
La faire ou la voir en argile: vous apprendrez la céramique.

Arbre: Le voir avec un feuillage vert: joie et vie heureuse.
Etre assis sous un arbre avec une jeune fille: joie.
Etre assise sous un arbre avec un homme: mariage.
Le voir avec des fruits: vous aurez un bon salaire.
Tomber en bas d'un arbre: vous perdrez votre honneur.
Le voir brûler: vie difficile.
Le voir mort: l'état de votre santé empirera.
Le couper: vous aurez une aventure.
Transporter du bois: travail bien rémunéré.

Argent (monnaie): En avoir: attention de ne pas être berné.
Le voir en or: richesse et honneur.
Le voir en argent: abondance et joie.
Le brûler: grande perte.
L'enterrer: vous allez dissimuler vos aventures.
En trouver: votre misère continuera.
En cacher: vie difficile.
En voir ou en porter: vie satisfaisante.
Le perdre: perte.
Le porter à la banque: signe d'épargne judicieuse.
Demander à une tierce personne de le déposer à la banque: méfiance, réfléchissez avant d'agir.
Voir votre dépôt en banque volé: dépêchez-vous de le retirer de la banque.

Araignée: L'attraper: attention à vos ennemis.
La voir attraper des mouches: ennuis.

La tuer: vous allez vous débarrasser de vos ennemis.

Arme: En voir: attention de n'être pas victime de mauvaises gens.
Voir des personnes armées: vous serez obligé de faire un travail que vous n'aimez pas.
Voir une arme en argent: pour un couple marié, vie longue et heureuse; bonne épouse pour les célibataires.
L'acheter: votre travail vous convient.
La vendre: danger.
Tirer en l'air: vous allez vous débarrasser de la misère.
Tirer sur une cible: grand succès.

Armée: La voir partir sur le champ de bataille: tristesse et difficultés.
La voir tirer sur l'ennemi: bon et heureux avenir.
Etre soi-même militaire: grande joie.
Voir des soldats tirer au fusil: grande joie.
Voir des soldats en armes: confusion.
Parler sérieusement avec un officier: honneur et orgueil.
Voir des soldats que l'on décore: signe d'une guerre prochaine.

Armoire: La voir ou l'acheter: grande joie.
La vendre: pauvreté.
La voir remplie d'argent: vous serez riche.
La voir pleine de vêtements: vie heureuse.
Voir une vieille armoire: misère.

Armure: Voir une armure: vous allez combattre vos ennemis.

Arrestation: Arrêter quelqu'un: succès à la pêche.
Arrêter un homme en colère: attention à la vengeance.
Voir des personnes arrêtées par la police: la malchance vous guette.

Etre arrêté: événement inattendu et désagréable
Voir s'échapper la personne arrêtée: insuccè
dans votre vie.

Artiste: Lui parler: faiblesse d'esprit.
Voir ses œuvres: attention de ne pas souffri
en vous remémorant de mauvais souvenirs.
Etre artiste: mésentente avec vos amis.
Etre modèle pour un dessin: vous serez félicité.
Se quereller avec un artiste: ennuis.
Voir ou aimer une artiste: misère sans fin.
Etre modèle pour une artiste: libération d'u
amour inconscient.

Aspirateur: Le voir ou s'en servir: attention à ne pas êtr
victime d'une injustice.
Voir d'autres personnes s'en servir: misère.

Assassin: Le voir ou lui parler: attention de ne pas tom
ber dans un piège.
Etre assassiné: perte et insuccès.
L'attaquer: méfiez-vous de méchantes gens qu
pourraient vous créer des ennuis.
Le voir entrer par la fenêtre: attention au
voleurs.
Voir plusieurs assassins: attention de ne pa
être attaqué par surprise.
Assassiner un individu: vous vous querellerez.
Assassiner l'objet de votre amour: attentio
aux accidents.
Le voir près de la fenêtre: querelle inattendue.

Astronomie: Etre astronome: honneur et succès.

Athée: Le voir: grand danger.
Se battre et le vaincre: grande victoire.
Lui parler: inquiétude.

Athlète: Le voir: bon succès dans la vie.
Le voir debout: grande joie.
L'être: vous aurez une promotion.

Le voir s'entraîner: vous allez entreprendre des travaux difficiles.
Lui parler: joie.
Lutter avec lui et le vaincre: faites du sport, vous aurez en compétition un excellent classement.

Atre: Le voir: vous allez acheter un terrain sur lequel vous construirez une maison.

Aube: La voir: le bonheur sera votre lot pendant toute l'année.

Augée: La préparer pour les cochons: invités imprévus et indésirables.
Voir les cochons la manger: débarrassez-vous des invités indésirables.
La porter et la renverser: succès dans vos assiduités auprès des femmes.

Autel: Le voir: grande joie.
Le construire: mariage proche.
Le décorer avec des fleurs: mariage heureux.

Automobile: La voir: voyage imprévu.
Voir une collision et y être blessé: attention aux accidents.
Voyager en automobile: vous aurez une grande joie.
Circuler en automobile dans une ville et être regardé par une foule nombreuse: promotion prochaine.

Autruche: La voir: réalisation de vos projets.
L'attraper: grande joie.
La tuer: mécontentement.

Avare: L'être: enrichissement.
Le voir: bon profit.
Soutirer de l'argent à un avare: attention, travail indécent.

Avion: Le voir s'écraser: mépris.

Le voir brûler: attention, aventure malheureuse.
Le voir voler: vous avez beaucoup d'idées, mais aucune ne se réalisera.
Prendre l'avion: attention aux accidents.
Voir une femme prendre l'avion: vous allez avoir un grave accident.

Aveugle: Le voir: contrariété dans vos travaux.
Etre aveugle: malheur.

Avocat: Le voir: vous serez mêlé à un procès déplaisant.
Ecouter ses conseils: grande perte.
Le consulter au sujet d'un procès: vous allez dépenser inutilement de grosses sommes d'argent.
Le voir défendre une cause dans un procès: méfiez-vous de mauvais conseils.

Avoine: La voir semer: grand succès.
La voir mûre: bonne année.
La voir fauchée et ramassée: insatisfaction dans votre travail.
La battre: travail difficile, mais bien rémunéré.
La moudre au moulin: situation matérielle difficile.
La manger: joie inattendue.
En faire du pain et le manger: vie difficile.
Aller la vendre au marché: grande allégresse.

B

Bagarre: Se battre contre plus fort que soi: vous vainquez vos ennemis.
Etre vaincu par l'assaillant: insuccès.
Se quereller avec un individu: malentendu.
Etre vainqueur: grand succès.
Se quereller avec une femme: disgrâce.
Se quereller avec une vieille femme: déception dans la vie.
Se quereller avec un être cher: attention aux mésententes.
Assister à une bagarre entre amis: vous serez attaqué par surprise.
Voir un policier se mêler à une bagarre: méfiez-vous de ne pas être arrêté par la police.
Etre battu: mauvais coup imprévu.

Bague: La voir: honneur.

Baignoire: Voir une femme prendre un bain: méfiez-vous des femmes.
Prendre un bain dans de l'eau propre: bon signe.
Prendre un bain dans de l'eau sale: mauvais signe.
Etre dans son bain: grande joie.
Se savonner dans son bain: vous aimez la propreté.
S'y trouver avec une femme: vie heureuse.
Se soulager dans la baignoire: vous serez pris en flagrant délit.

Baïonnette: La mettre au fusil: voyage long et difficile.
Transpercer quelqu'un avec une baïonnette: vous vous débarrasserez de vos ennemis.
Etre tué par une baïonnette: infidélité de vos amis.
La casser: vous serez l'objet d'une attaque.

Balai: Balayer quelque chose: grand succès en amour et en affaires.

Balance: La voir ou peser quelque chose: attention à un procès qui peut vous conduire en prison.
La casser: grande perte.
Voir une jeune fille se peser avec un homme: le plus lourd des deux aura raison.
L'acheter: vous allez ouvrir un commerce.

Balançoire: La voir ou se balancer: vous allez changer d'avis.
Balancer une jeune fille: méfiez-vous d'un amour trompeur.
Tomber en se balançant: attention, vous risquez un grave accident.

Balle: La voir: voyage difficile.
La voir rouler: grand succès.

Ballon dirigeable: Le voir voler: vous allez être profondément bouleversé.
Le voir s'écraser: attention, malheur.
Voler à bord d'un ballon dirigeable: guérison pour les malades; heureux voyage pour les autres.

Banc: Le voir ou y être assis: vous aurez une vie tranquille.
Le voir cassé: désagréments.

Banque: Y avoir un compte: vous gagnerez beaucoup d'argent, mais à la sueur de votre front.
Etre dans une banque et y voir un grand nombre de gens: grande joie.

Baptême: Voir baptiser un enfant: invitation prochaine à une réception.
Assister à un baptême: bon avenir pour les couples mariés; signe d'une naissance prochaine pour les célibataires.
Acheter un cadeau pour un baptême: richesse.
Assister à une grande réception pour un baptême: vous irez prochainement à un enterrement.
Baptiser un enfant: occupation intéressante.
Baptiser une fille: mésentente parmi vos amis.

Barbe: La voir large et noire: vous entrerez en possession de biens de grande valeur.
En avoir une longue et étroite: longue vie.
La voir brûlée: travail intéressant, mais peu rémunérateur.
La voir tirée: perte d'honneur.

Barbier: Le voir: réalisation de vos vœux.
Le voir faire la barbe à d'autres personnes: vous allez faire de mauvaises affaires.
Le voir faire la barbe à une jeune femme: perte prochaine de votre amant.
Voir une femme rasant la barbe à quelqu'un: bon signe.

Baromètre: Le voir: grand danger.
S'en servir pour mesurer la pression de l'air: beau temps.
Le casser: fin de tous vos soucis.

Barque: La voir sur l'eau: travail bon et profitable.
La voir se renverser: attention aux accidents.
Etre dans une chaloupe: heureux voyage.

Barreau: En voir ou se trouver derrière: bientôt vous perdrez votre liberté.
Voir quelqu'un fabriquer des barreaux: attention aux tromperies.
Regarder à travers les barreaux: vous vous ennuyez de votre pays ou de votre maison.
Les casser: se débarrasser de la misère.

Bas: Les voir: joie pour les femmes; succès en amour pour les hommes.
Les porter déchirés: perte de vos biens.
Les enlever et les jeter: surveillez vos affaires afin de ne pas vous faire voler.

Bateau: Le voir: long voyage.
Le voir naviguer en eaux sales: vie difficile.
Revenir par bateau d'un voyage: pauvreté.

Bateau à vapeur: Le voir: bon succès dans votre travail.
Partir sur un bateau: grande joie.
Le voir immobile sur la mer: voyage dangereux.
Le voir faire naufrage: peur brusque.
Le voir jeter l'ancre: amélioration de votre situation familiale.
Etre assis avec un ami sur un bateau: bonheur immense pour les femmes; désappointement pour les hommes.
S'embrasser sur un bateau: bon avenir pour les femmes; désappointement pour les hommes.

Battre: Battre quelqu'un: honte.
Voir une femme se battre contre son mari: changement de vie.
Battre l'être aimé: amour grand et heureux.
Battre un animal: mésentente dans votre famille.
Donner une claque au visage: succès en amour.
Battre un individu avec une barre de fer: vous vaincrez vos ennemis.

Beau-père: Le voir: un grand malheur vous attend.
Se quereller avec lui: fatigue et tristesse.
Travailler avec lui: attention aux querelles.
L'être: malentendu.

Bébé: Le voir pleurer: tristesse.
Voir une femme caresser un bébé: tromperie.
Voir beaucoup de bébés: inquiétude.
Voir de beaux bébés: joie pour les couples

mariés; attention à votre santé si vous êtes célibataire.

Bénédiction: Bénir des enfants: votre vie sera bonne et heureuse.
Voir un prêtre donner sa bénédiction: grande allégresse.
Recevoir la bénédiction d'un prêtre: vous recevrez de bons conseils.
Bénir quelqu'un: joie.

Béquilles: En voir ou en acheter: insuccès dans le commerce.
En vendre: meilleure santé pour les malades; joie pour les autres.
Marcher à l'aide de béquilles: risque d'une maladie des jambes.
Voir une jolie femme marcher avec des béquilles: risque de mariage avec la veuve d'un infirme.

Bétail: Le voir: amélioration de votre vie (pour les pauvres) ; mécontentement (pour les riches) .
Le voir gras: bonne vie.
Le voir maigre: vie mauvaise et instable.
Le voir tué: attention aux accidents.

Beurre: En faire: vous recevrez bientôt des cadeaux.
En manger: bon appétit.
En vendre: vous allez avoir un emploi bien rémunéré.

Bible: Voir une bible ou autres objets sacrés: joie et respect.
La lire: tranquillité et repos.
Voir les autres la lire: des amis regrettent de vous avoir offensé.

Bicyclette: La voir: grand succès.
L'acheter: bientôt vous ferez un achat utile.
En voir plusieurs: désagréments en voyage.
Tomber de bicyclette: méfiez-vous des mauvaises idées, vous risquez d'en souffrir.

Apprendre à faire de la bicyclette: insuccès.
En voir une cassée: méfiez-vous des accidents.
Faire de la bicyclette: vous avez du talent.
Voir une jeune fille à bicyclette: surprise.
S'en servir pour faire des courses: risque de malheur.

Bienfait: Faire du bien à autrui: grand mépris.
Si quelqu'un vous fait du bien: grande duperie.
Etre bon avec une vieille fille: s'attirer le mépris de tout le monde.

Bienfaiteur: Le voir: perte de vos biens ou de l'un de vos proches.
Se disputer avec son bienfaiteur: attention de ne pas être trompé.
Le voir habillé de blanc: votre protecteur est juste.

Biens: Les surveiller ou les donner à quelqu'un: grande joie.
Si on vous les vole: vous perdrez la confiance de vos proches.
Les voir brûler: grande perte.

Bière: En boire: grande gaieté.
Voir des verres remplis de bière: avenir fortuné.
Refuser d'en boire: renoncer à la fortune.

Bigote: La voir vêtue de noir: on dira du mal de vous.
La voir vêtue de blanc: amour trompeur.
La voir baiser la main de quelqu'un: vous vous attirerez le mépris de votre entourage.
Se fiancer avec elle: risque de mariage malheureux.
La voir dans une église: attention, vengeance de femmes.
Lui voir réciter le rosaire: méfiez-vous des mauvaises langues.
La battre: vous vous débarrasserez des mauvaises langues.

Bijou: Le perdre: déviation du droit chemin.
Perdre une pierre précieuse: tristesse.
Trouver une pierre précieuse: vous serez heureux dans les jours à venir.
En posséder: vous serez honoré par vos amis.
Se parer de bijoux d'or ou d'argent: richesse.

Bile: La voir: richesse pour les femmes; bonne santé pour les hommes.

Billard: Le voir: travail inutile.
Dormir sur un billard: ivresse.
Y jouer: vous gaspillez votre temps.
Le briser: perte imprévue.

Biscuits: En manger: vous trouverez un emploi intéressant.

Blés: Les voir en gerbes: bonne récolte pour les fermiers; travail bien rémunéré pour les autres.
Les voir mûrs: grand et heureux voyage.
Les faucher: travail difficile, mais bien rémunéré.
Ramasser le blé dans les champs: grand succès.
Voir d'autres personnes moissonner les blés: bonne récolte pour les fermiers.
Voir du mauvais blé: occupez-vous un peu mieux de votre famille.
Les voir fauchés: grande joie.
Les voir sales: misère.
Les voir incendiés: vie malheureuse.

Blessure: Voir un homme blessé: misère.
Etre blessé: accident inattendu.
Voir plusieurs personnes blessées: indignation.
Voir une jeune fille blessée: tristesse.
Etre blessé et parler avec le médecin: bonne santé.
Voir une femme blessée: mauvaise nouvelle.
Avoir été blessé et guérir: quelqu'un se préoccupe de vous.

Bœuf: Le voir labourer: bonne santé.
Le voir danser: un ami vous aidera dans votre vie.
Le voir maigre: misère.
Le voir gras: amélioration de votre vie.
Le recevoir en cadeau: enrichissement.
Voir deux bœufs se battre: mésentente à la maison.
Les voir buvant l'eau de la rivière: mauvaises nouvelles.
Se faire attaquer par un bœuf et ne pas pouvoir se défendre: vie difficile.

Bois: Le couper: perte de vos biens.
Le ramasser: misère.
Le transporter: bon succès.

Boisson: Boire un verre: grande joie.
Boire autant que vous le désirez: vous serez toujours rassasié.
Ne pas pouvoir boire à sa soif: vous connaîtrez la faim.
Boire de l'alcool et s'enivrer: prostitution.
Voir une bouteille remplie de vin: avenir heureux et bruyant.
Voir une bouteille pleine d'alcool et la boire: attention de ne pas aller dans un endroit mal fréquenté.
Voir des bouteilles cassées: misère inattendue.
Boire à la santé de ses amis: grand succès.
Voir une bouteille remplie d'alcool noir: attention à ce que vos ennemis ne vous empoisonnent pas.
La voir remplie d'alcool rouge: grande joie.

Boisson pétillante ou gazeuse: La fabriquer: risque de maladie difficile.
La renverser: imprudence.
Voir tout le monde en boire: vous serez invité à une réception.

Boîte: En voir pleines d'ordures: épargnez, car plus tard vous aurez besoin de vos économies.
Les voir vides: grande honte.
Recevoir une boîte pleine de cadeaux: attention aux tromperies.
Voir une boîte salie: cadeau déplaisant.
La voir trouée: attention à ne rien perdre.
La voir rouge: amour heureux.
La perdre: grande perte.

Boiteux: Le voir: bonne santé.
L'être: méfiez-vous d'une mésaventure.

Bonbons: Les voir ou les manger: votre bonheur s'achève.
Les vendre: bonnes affaires.
Les acheter: grande perte.
Etre dans une usine de bonbons: votre travail sera rémunérateur.
Voir des jeunes mariés acheter des bonbons: succès dans la vie.

Bouche: Voir une bouche: vos employés vous donneront un excellent rendement.
Sentir une bouche ayant mauvaise haleine: mépris.
Vouloir parler sans y parvenir: grave maladie imprévisible.
Avoir une grande bouche: accroissement de vos richesses dans un avenir prochain.
Avoir une petite bouche: perte de richesse.

Boucher: Le voir couper de la viande: ennuis provoqués par votre famille.
L'être: vous aurez un emploi que vous n'aimerez pas.

Boucles d'oreilles: Les voir très belles: manque d'idées.
Voir une femme avec de belles boucles d'oreilles: vous serez fier.
En voir en or: amour pour les hommes; richesse pour les femmes.

En acheter: augmentation de votre fortune.
En avoir en or et les vendre: perte de fortune.

Boue: Patauger dans la boue: risque de querelle.
Marcher dans la boue: grande misère et perte de vos biens.
Tomber dans la boue sans pouvoir se relever: risque de maladie longue et difficile.
Etre sali par la boue: femmes mauvaises dont il faut vous méfier.
Voir quelqu'un recouvert de boue: maladie grave.
Etre recouvert de boue: calomnie.

Bougie: La voir brûler: bonne nouvelle.
La voir éteinte: mauvaise nouvelle.

Boulanger: Lui parler: bonnes idées.
Lui demander de cuire du pain: indigestion.
Le chasser de votre maison: perte de vos biens.

Bousculade: Etre pris dans une bousculade: beaucoup de désagréments.
Se bousculer: vous serez honteux.
Voir une bousculade dans la foule: malentendu.

Boussole: En avoir une: faites attention de ne pas vous tromper dans la vie.
Se perdre dans les bois et ne pas retrouver sa boussole: voyage difficile et malheureux.

Bouton (acné): Voir un individu couvert de boutons: maladie désagréable.
Etre couvert de boutons: pauvreté.
Ne pas parvenir à s'en débarrasser: maladie incurable.

Bouton: Voir qu'il en manque un à votre vêtement: mauvais souvenir.
Le voir cassé: malentendu.
Recoudre un bouton à votre vêtement: grande joie.

Branches: Voir celles d'un pommier en fleurs ou les casser: malentendu.
Casser celles d'un rosier en fleurs: grande joie et succès.
Casser des branches de lilas: succès dans le commerce.
Vendre des branches de lilas: bon profit et heureux avenir.
Casser des branches ou les couper: amélioration de votre vie.
Les arracher: travail stupide.

Brebis: Les voir paître: fortune.
Les voir grasses: augmentation extraordinaire de vos richesses.
Les voir noires et maigres: découragement.
Les voir blanches: vous aurez du succès.

Brique: En voir: vous travaillerez bientôt dans l'industrie.
En fabriquer: vous deviendrez riche.

Brouillard: Le voir blanc: bonheur.
Le voir noir: difficultés dans la vie.
Se perdre dans le brouillard: tristesse.
En voir: attention à votre santé.
Le voir disparaître: votre santé va s'améliorer.
Circuler en voiture par temps brumeux: orgueil et honneur.

Bruit: L'entendre: bonne ouïe.
Entendre des bruits dans les bois: on vous donnera un conseil utile.

Brûlure: Etre brûlé: grand amour.
Voir quelqu'un brûler: tristesse.
Voir brûler une femme laide et vieille: joie pour les hommes; honte pour les femmes.
Se faire brûler les cheveux: perte de vos biens.

Buisson: En voir: vous allez avoir une promotion.

Voir le sommet des buissons: avenir terrible ou déclaration de guerre.
Les voir verts et beaux: amour fidèle.
Les admirer: travail bon et utile.

Buisson épineux: En voir: attention aux faux amis.
Porter des épines dans la main: grave maladie.
Les piétiner: vous vous débarrasserez de vos mauvais amis.
Les voir fleurir: vous recevrez de bonnes nouvelles.
Les couper: guérison rapide.
Tomber dans un buisson épineux: opération réussie.
Jouer avec une épine: attention à ne pas vous faire blesser.
Le voir fleurir en rouge: vie plus heureuse dans un avenir proche.
Voir une jeune fille assise sur un buisson épineux et pleurant: tristesse et misère.

Bureau de poste: Le voir: si vous êtes une femme vous recevrez une lettre; si vous êtes un homme vous recevrez de l'argent.
Envoyer une lettre recommandée: vous subirez une perte.

Cacher: Cacher quelque chose: méfiance.
Se cacher: méfiez-vous des mauvaises gens.
Savoir que quelqu'un se cache de vous: n'ayez confiance en personne.
Cacher quelqu'un: grande honte.
Se cacher de quelqu'un: soyez toujours très prudent.
Se cacher de la police: de mauvaises fréquentations pourraient vous causer des ennuis.

Cadavre: Le voir: misère et souffrance.
L'être: tristesse.
Avoir peur d'un cadavre: vous serez assailli par une de vos connaissances.
Le voir brûler: mort pour les hommes; vie malheureuse pour les femmes.

Cadeau: L'offrir: bon conseil de vos amis.
Le recevoir d'une femme: amour.
Le recevoir d'un homme: bon conseil.
Le recevoir d'une jeune fille: risque de maladie vénérienne.
Le recevoir d'un jeune homme: grande joie.
Voir offrir des cadeaux à d'autres: jalousie.
Offrir un cadeau offert: désespoir d'amour.

Café: Le faire bouillir: difficultés dans la vie.
Le boire: amélioration de votre vie.
Le boire noir: grande déception et misère.

Cage: La voir vide: prison.
La voir avec un oiseau: vous serez bientôt libéré.
Etre enfermé dans une cage: attention à la police, conduisez-vous bien, vous risquez une contravention.

Cajolerie: En faire à vos parents: grande tromperie.
En faire à une femme: bonne et heureuse vie.
Etre une femme et caresser un homme: joie et succès très grand en amour.
Cajoler des inconnus: divorce.
Cajoler une femme laide: vie malheureuse.

Calendrier: Le voir ou le lire: attention aux dépenses inutiles.
L'écrire: travail bon et utile.
En vendre: bon profit.
Le voir sali: vous aurez de mauvaises nouvelles.

Campagne: La voir: mésentente avec vos voisins.
Parler avec une paysanne jeune: vous serez très bientôt riche.
Voir danser de jeunes paysans: vie gaie et utile.
Voir la campagne en feu: voyage malheureux.
La voir en fleur: grande joie et réalisation de vos projets.
Vivre à la campagne: abondante richesse.
Se promener à cheval dans la campagne: grand honneur et joie.

Canard: Le voir voler: on vous diffamera.
Le tuer: victoire.
Attraper un canard: discussion au sujet de propos diffamatoires.
L'acheter: richesse.
Le vendre: découragement.

Canari: Le voir ou l'entendre: grande joie.
L'acheter à l'étranger et le ramener dans votre

pays: long et heureux voyage.
Le vendre: pertes et embêtements.
En voir plusieurs dans une cage: attention de ne pas vous retrouver derrière les barreaux d'une prison.
Jouer avec un canari: amour inespéré.

Cancer: Etre atteint du cancer: tristesse et misère.
Le soigner: vie difficile et désagréable.

Canne: La voir: vie difficile et malheureuse.
Voir un mendiant avec une canne: vous aurez certaines difficultés.
Emprunter une canne: méfiez-vous des exploiteurs.
Voir une vieille femme avec une canne: insuccès.

Canon: Coup de canon: événement inattendu.
Tirer le canon: vous vaincrez vos ennemis.
Tirer le canon sur un champ de bataille: vous allez hériter de grandes richesses.

Cantiques (livre de): Le voir ou en chanter: négligence dans votre vie de chrétien.
En offrir un à une jeune fille pour l'entendre chanter: enterrement.
Le voir déchiré: votre mort est proche.

Caravane: La voir: mort d'un de vos proches.
En faire partie: vous assisterez à un enterrement.

Cardinal: Le voir ou lui parler: vie heureuse.
Le recevoir avec honneur: bonne récolte pour les fermiers.

Carpe: L'attraper: bon succès.
La manger: perte inattendue.
La relâcher: bienfaisance.

Carrefour: S'y trouver et ne plus savoir où aller: vous aurez beaucoup de problèmes.
Marcher dans un carrefour: c'est signe pour des jeunes gens (filles ou garçons) de bien choisir le partenaire de sa vie et de ne pas faire un mariage précipité.

Carrosse: Le voir ou voyager avec: augmentation de vos richesses et honneur.
En être le cocher: vous aurez une promotion.
Tomber d'un carrosse: perte de votre honneur.
Voyager en carrosse attelé de beaux chevaux: succès dans la vie.

Carte: Jouer aux cartes: discorde.
Tirer les cartes: mauvaises nouvelles.
Perdre de l'argent en jouant aux cartes: perte.
Gagner de l'argent en jouant aux cartes: vous vous fâcherez avec vos amis.
Les voir rouges: succès dans votre travail.
Les voir blanches: travail bon et utile.
Gagner aux cartes: avenir difficile.
Etre battu aux cartes: réussite dans vos idées.

Casser: Voir un vase se casser: vous aurez une mésaventure.
Jeter quelque chose et le voir se casser: vie heureuse.

Castor: Voir des castors: méfiez-vous de personnes mystérieuses.
Etre mordu par un castor: attention, des personnes méchantes peuvent vous blesser.
L'attraper: grande joie.

Cavalier: Le voir sur un cheval: votre situation va s'améliorer.
Le voir partir sur un cheval: joie et orgueil.
Participer à une course de chevaux: grand succès.
Tomber de cheval: insuccès.

Cave: La voir ou y être: joie inconsciente.
La voir remplie de richesses: joie.
Etre enfermé dans une cave: attention, des personnes en colère contre vous vous veulent du mal.
Entrer dans une cave et ne pas parvenir à en ressortir: maladie grave.

Cèdre: Le voir: vous serez bientôt propriétaire d'une maison.
Jouer avec des feuilles de cèdre: vous recevrez une lettre d'amis intéressante.

Ceinture: La voir ou la porter: succès dans votre vie.
En avoir une en argent: attention aux blessures.
En avoir une en or: grande joie et amour.
La porter sur les hanches: attention, divorce.

Cendres: Les voir: inquiétude inutile.
Les voir verser sur la tête de quelqu'un: risque de maladie grave.

Cercueil: Le porter: vous serez bientôt débarrassé de vos ennuis.
Etre mis dans un cercueil: vos amis vous calomnieront.
Le voir mis en terre: tristesse et nouvelles inattendues.
Rester debout près d'un cercueil: tristesse et désagrément.
Y voir un mort: méfiez-vous des accidents.
S'y voir couché: maladie grave.

Cerises: Les voir ou les manger: grand succès et joie.
Les cueillir: travail utile.
Boire du jus de cerises: enrichissement.

Cervelle: Voir celle d'un animal: attention aux accidents.
Perdre la sienne: vous aurez un accident.
Manger une cervelle d'animal: mauvaise santé.

Chaîne: Posséder une chaîne de montre: malentendu avec votre famille.

Avoir une montre attachée à une chaîne: succès.
Se désenchaîner: bon avenir.
La voir brisée: perte de personnalité.
Avoir une chaîne en or: grand bonheur.
Voir des chaînes: mauvais augure.
Etre enchaîné: méfiez-vous des femmes.
Voir un prisonnier enchaîné: misère.
Voir des portes cadenassées avec des chaînes: faites protéger votre maison.

Chaise: La casser: attaque cardiaque.
L'acheter neuve: grande joie et enrichissement.
Battre quelqu'un avec une chaise: vous vous débarrasserez de vos ennemis.
Etre assis sur une chaise: orgueil.
La voir dans une chambre: attention à votre santé.
Tomber d'une chaise: perte de vos biens.

Champ: Travailler dans les champs: vous vous enrichirez par un travail très dur.
Se promener dans les champs: grande joie.
Sortir de la maison pour aller dans les champs et avoir du mal à respirer: maladie longue et incurable.
Le labourer: amour pour les célibataires; naissance pour les couples.
Le voir labouré: vous ferez fortune.
Le voir plein de mauvaises herbes: travail désagréable et difficile.

Champignon: Les ramasser: vous aurez un bon salaire.
Les manger: guérison rapide pour les malades; joie pour les autres.
Ramasser des champignons avec une jeune fille dans les bois: succès garanti.
Les voir pousser: la méfiance d'autrui vous rendra heureux.
Les ramasser pourris: insuccès en amour.

Chant: Entendre chanter: grande joie et succès.

Etre une femme et chanter parmi des hommes: grande joie.
Chanter au milieu de femmes: tristesse.
Entendre chanter des hommes: bon et heureux avenir.
Chanter: grande défaveur.
Entendre chanter des femmes: tristesse.
Entendre le chant du rossignol: bonne nouvelle.
Entendre chanter beaucoup d'oiseaux: vos amis vous donneront une grande joie.

Chapeau: L'avoir ou le voir sur une tête: bon succès en amour.
Le voir déchiré: misère et humiliation.
L'enlever: vous raconterez vos secrets.
Le recevoir en cadeau: un travail bien rémunéré vous attend.
Le mettre: intelligence et bonnes idées dans votre travail.

Chapelet: Le voir: bonne et heureuse vie.
Le réciter: insuccès.
Voir une fille portant son chapelet autour du cou: méfiez-vous des commérages.

Chapelle: La voir ou y être: signe de mort.
Aller dans une chapelle et prier: bienfaisance.
Porter un mort dans une chapelle: vous allez vous débarrasser de la misère.

Charbon: Le voir très noirs ou le croquer: tristesse et douleur.
Voir des mines de charbon ou y travailler: vous vous marierez avec une personne qui ne vous était pas destinée.
Le voir éteint: le lit de mort est proche.
L'allumer: vous aurez un travail rémunérateur.

Chardons: Les voir verts: paresse et indolence.
Les couper avec une faux: vie difficile et dangereuse.

Les voir pousser: vous deviendrez riche e travaillant très fort.

Charrue: Voir une charrue: vous aurez bientôt beau coup de travail.
S'en servir pour labourer la terre: vous sere bientôt riche.

Chasseur: Le voir: méfiez-vous, on vous veut la male mort.
Etre blessé par un chasseur: attention qu l'on ne vous enlève pas l'objet de votre amour
Parler avec un chasseur: grande joie.
Le battre: misère.
Le voir porter un canard mort: succès e amour.
Le voir marcher accompagné d'animaux bles sés: soyez très méfiant.

Chat: Le caresser: amour et fidélité pour les femmes vie difficile dans le mariage pour les homme
Le voir: les femmes vous tromperont si vou êtes un homme; les hommes vous seront atta chés si vous êtes une femme.
Le battre: vous vous créez des illusions.
Voir beaucoup de chats miauler: vous aure de mauvaises nouvelles.
Le chasser du toit: attention aux femme vous devrez vous en défendre.
Le voir grimper sur un arbre: méfiez-vous de mauvaises langues.
Le voir noir ou jouer avec: attention, la misèr vous guette.
Etre mordu par un chat méchant: vous risque les attaques de personnes méchantes.
Le voir blanc: une jolie femme tombera amou reuse de vous.
Le chasser de la maison: attention aux voleurs.
Le voir endormi: vos désirs seront bientôt réa lisés.
L'attraper et le vendre: grand malheur dan votre maison.

En voir de différentes couleurs: afin de ne pas souffrir, méfiez-vous des femmes de mœurs légères.
Le voir attraper les souris: quelqu'un protégera vos biens.

Châtaignier: Le voir avec des châtaignes: vie longue et heureuse.
Manger des châtaignes: bonnes idées.
Les arracher de la terre: grande perte.
Jeter des châtaignes en l'air: vous avez des dons pour la chasse.

Château: Le voir ou y être: vous aurez des enfants en bonne santé.
Le voir entouré de fleurs: mariage heureux pour les filles; grand amour pour les hommes.
Le voir détruit: malentendu dans votre famille.

Châtrer: Châtrer un individu: mauvaise nouvelle.
L'être: méfiez-vous des ruses de femme.

Chaudron: Le voir: enrichissement.
Y faire bouillir quelque chose: bonne et heureuse vie.
Manger à même le chaudron: grande joie.
Le casser: grande perte.
Le cogner: accusation imprévue.
Voir près du chaudron une femme laide: risque d'attaque cardiaque.
Voir un homme le faire chauffer: succès dans vos entreprises.
Le voir exploser: grande perte.

Chaussures: Les voir: fierté.
Voir des chaussures de femmes: bonheur inespéré.
Embrasser une chaussure: vous vous humilierez.
Voir de vieilles chaussures: grands désagréments dans votre famille.

Les voir déchirées: vous perdrez votre fortune.
Les voir brillantes: promotion dans votre travail.
Les voir sales: mépris et pauvreté.
Mettre de nouvelles chaussures: vous atteindrez bientôt votre but.
Les enlever: la misère vous attend.

Chauve: L'être: grande honte et tristesse.

Chauve-souris: L'attraper: vous ferez beaucoup de bêtises.
La voir blanche: bon succès.
En voir une noire: difficultés inattendues.
Si elle s'accroche dans vos cheveux: attention aux mauvaises gens.

Cheminée: La voir noircie par la fumée: honte.
Voir sortir du feu de la cheminée: méfiez-vous de ne pas perdre vos biens dans un incendie.
La démolir: perte de votre maison.
La réparer: votre maison restera longtemps à cet endroit.

Chemise: La voir propre: bon succès dans la vie.
La voir sale: honte pour les femmes; désagrément pour les hommes.
Enlever sa chemise: échec de vos désirs.
Mettre une chemise blanche: grande joie.

Chêne: En voir un gros: vie longue et pleine de chance.
Le voir vert: vie de santé et de bonheur.
Le voir très feuillu: bonheur en famille, naissance et bonne santé.
L'abattre: attention aux malhonnêtes gens qui peuvent nuire à votre santé.
Le voir abattu: attention à un ennui imprévisible.
Le vendre: travail bon et profitable.
L'acheter: bel avenir.

Le vendre débité en planches: construction bonne et heureuse.

Chèque: Faire un chèque: vous devrez bientôt payer vos impôts.
Faire un chèque et le garder: attention aux tromperies.
En voyage, les perdre: injustice.
Donner un chèque en blanc: soyez honnête.
Le recevoir de la banque: vous allez recevoir de l'argent.

Cheval: Le voir beau et blanc: grande victoire pour vous.
Voir un cheval de bois: heureux avenir.
Le voir mort: votre vie heureuse va s'arrêter.
Le voir méchant: le malheur vous guette.
Le voir fatigué: misère.

Chevelure: La voir blanche: bon succès en amour.
La voir noire: attention à la ruse.
L'avoir grise: soyez économe afin de ne pas manquer d'argent lorsque vous serez vieux.
Voir celle d'un homme: joie pour les femmes; fierté pour les hommes.
Voir tomber les cheveux: attention aux maladies.
Etre mal coiffé: négligence et fatigue.
Voir une belle chevelure de femme: amour heureux.
Porter une perruque: perte.
Couper vos cheveux: vie légère qui ne rapporte guère.
Se raser le crâne: insatisfaction dans la vie.
Se couper soi-même les cheveux et les jeter dans une poubelle: perte de vos biens.

Chèvre: La voir: vous aurez des assistants dans votre travail.
En voir beaucoup: amour inutile.
Etre attaqué par des chèvres: méfiez-vous des mauvaises fréquentations.

Chevreuil: Le voir: grande joie et belle vie.
Le tuer: tristesse et pitié.
Le vendre: richesse.

Chicorée: La manger ou la boire: toutes sortes d'ennui vous guettent.
En vendre: gros gain.
En acheter: travail difficile et perte.
La faire bouillir: aventure secrète.

Chien: Entendre un chien noir aboyer: méfiez-vou des mauvaises langues.
L'entendre aboyer et hurler: malheur dan votre maison.
Battre un chien: attachement à une personn que vous aimez.
L'entendre aboyer: attention que l'on n vous fasse pas de mal.
Le voir ou être attaqué par un chien: gro ennuis.
Le voir gentil et beau: bonne amitié.
Le voir dormir: joie.

Chiffes: Compter: bonne orientation.
Ne pas pouvoir les compter: occupez-vous d votre avenir.
Les voir: mauvais signe.
Les voir écrits à la craie sur un mur: les fem mes vous mènent.
Les voir la nuit: vous tomberez bientôt ma lade.

Chlore: Le fabriquer: malchance.
S'en rincer la bouche: vous allez avoir ma aux dents.
En vendre: vous ferez une bonne affaire.
En acheter: attention aux tromperies.
Voir une femme laide se nettoyer les den avec du chlore: prenez garde qu'une femm vous empoisonne.
Voir plusieurs femmes se nettoyer les den avec du chlore: mésentente dans votre famill

Chloroforme: Le voir ou s'en servir: attention à ne pas vous blesser.
Le fabriquer: richesse.
Le vendre: méfiez-vous des maladies.
S'en servir pour soigner une blessure: attention aux bagarres.

Choléra: Etre atteint de cette maladie: attention aux maladies contagieuses.

Chou: En manger: bon succès dans votre emploi.
Les couper: travail bon et utile.

Christ: Le voir: grande joie.
Lui parler: vous allez vous convertir.
Le voir crucifier: tristesse et souffrance.
Le voir crucifié: vous améliorerez votre vie.
Lui voir faire un sermon: vous aurez de bonnes nouvelles.

Chute: Tomber et ne pas pouvoir se relever: grand malheur.
Tomber dans un trou: attention aux mauvaises langues.
Tomber de très haut: possibilité d'accident.
Tomber d'un arbre: peur.
Faire une chute de cheval: vous aurez des ennuis.
Tomber d'un toit: tristesse.
Voir une femme faire une chute: mésaventure.
Voir tomber un mendiant et l'aider à se relever: grande joie.

Cicatrice: Avoir des cicatrices sur le corps: attention à ne pas être attaqué par un individu.
La voir guérie: vous vous libérerez d'un danger.

Cidre: Le boire: aggravation de votre état de santé.
Le boire très fort: opération compliquée.
S'enivrer avec du cidre: changement dans la maladie.

Ciel: Le voir: grande joie et santé.
Le voir ensoleillé: grand amour.
Monter au ciel: vous serez célèbre.
Le voir rouge et nuageux: vous serez riche.
Le voir étoilé: bonheur éternel.

Cigale: L'entendre chanter: vie gaie et heureuse.
La voir voler: occupez-vous de votre amoureux.
La vendre: insuccès en amour.
L'acheter: mariage proche pour les célibataires; naissance prochaine pour les couples mariés.

Cigare: Le fumer: grand succès dans vos travaux.
L'éteindre: amour et bons souvenirs.
Voir une femme le fumer: attaque soudaine d'une femme.

Cigogne: La voir: vous aurez bientôt un bébé.
La voir voler: bon succès pour les gens mariés; tristesse pour les célibataires.
La voir porter quelqu'un sur un toit: bonne année.
La voir en hiver: naissance pour les couples mariés; inquiétude pour les célibataires.
Si elle vole autour de son nid en craquetant: malheur dans la maison.
Voir ses œufs: bon succès.
Voir des cigogneaux: mauvaise année.
La voir mettre ses cigogneaux hors du nid: bonne entente dans la famille.
La voir jeter ses œufs en bas du nid: mésentente.

Cils: Les avoir longs: grand respect.
Les avoir courts et bruns: réprimande.
Avoir de beaux cils: joie.

Ciment: Cimenter une maison ou une étable: la construction de votre maison sera longue, mais solide.

En transporter: travail dur mais rémunérateur. En transporter dans un camion: confiance en votre gouvernement.

Cimetière: Voir ses parents y être enterrés: tristesse et malheur.
Le voir ou marcher dans un cimetière: un de vos proches va mourir.
Le visiter et y voir de belles fleurs: longue et heureuse vieillesse.
Y voir construire un monument: on vous aidera.
Porter des branchages coupés dans un cimetière: votre mort approche, soyez prêt.
Y creuser une tombe: maladie grave.
Y couper un arbre: un membre de votre famille aura une maladie mortelle.
Y cueillir des fleurs: tristesse et douleur.
Mettre une croix sur la tombe d'un ami: vous êtes charitable.

Cirque: Le voir: grand succès dans votre nouvelle entreprise.
Y jouer: grande misère dans votre famille.
Aller avec le cirque dans différentes villes: vous retrouverez votre talent.

Ciseaux: Voir une paire de ciseaux: perte.

Citron: Le manger: vous allez trouver un meilleur emploi.
Le couper et le mettre dans votre thé: grand bonheur.
Le tenir dans votre main: fidélité.

Clé: La voir ou s'en servir: méfiez-vous des faux amis.
La voir briller: bonne vie pour les hommes; bon mari pour les femmes.
La perdre: attention à ne rien perdre.
La trouver: grande joie.

Cloche: La voir ou l'entendre: joie.
L'installer dans le clocher: succès.

Cloison: La voir cassée: changement de vie.
L'enlever: celui que vous aimez va revenir.
Sauter par-dessus une cloison: grande joie.
En voir beaucoup: attention, danger mortel.

Clôture: La voir en bois: désordre.
La voir métallique: sûreté de votre emploi.
Clôturer: ordre et joie.
La voir cassée: vie désespérée.
Voir un individu sauter par-dessus la clôture: attention aux voleurs.
Voir une femme sauter par-dessus la clôture: désagréments.

Clown: Le voir ou lui parler: grande joie.
Le voir faire des farces: vous allez vous retrouver en joyeuse compagnie.
L'être: vous allez subir une honte.
Voir deux clowns danser ensemble: vous serez bientôt invité à une soirée.
L'entendre chanter: vous aurez de bonnes nouvelles.
Le voir pleurer: malheur.
Le voir jouer de l'accordéon: bon et heureux avenir.
Voir deux clowns se battre: grand malheur.

Cochon: En voir: attention à ne pas subir un affront.
En manger: vous aurez mal aux dents.
Voir une femme assise sur un cochon: misère.
L'acheter: mésaventure.
Le vendre: grande joie.

Cochon de lait: Le voir: vous aurez un travail bon et utile.
Le tuer: insatisfaction.

Cœur: Le voir: grandes difficultés.
Voir le cœur d'un malade: pitié et bonté.

Voir votre cœur transpercé: triste événement pour les femmes; méchanceté pour les hommes.
Le voir brisé en petits morceaux: nul ne pourra réparer le mal qui vous a été fait.
Le voir saigner: méfiez-vous des gens méchants.

Coffre: Le voir plein de trésors: grande joie.
Le voir vide: perte.

Colère: Voir un homme en colère: méfiez-vous des vengeances.
Voir une femme en colère: méfiez-vous de la vengeance des femmes.
Etre en colère contre quelqu'un: attention à la justice.

Colis: Les porter: honneur et richesse.
Porter des colis pleins d'argent: illusions.
Porter des colis pleins de papier: grande joie.
Passer des colis en contrebande: risques de misère.
Etre arrêté par la police alors que vous portez des colis: attention aux accidents.
Envoyer un colis: vous travaillez à perte.
Recevoir un colis: satisfaction dans la vie.

Collier: Le porter ou le voir: honneur.
En porter des rouges: grand amour.
En porter des jaunes: vie heureuse mais sans éclat.
En porter des noirs: mort prochaine d'un membre de votre famille.
Le perdre: beaucoup de désagrément.
Le trouver: vous allez acquérir des richesses.

Comédien: Le voir: méfiez-vous des fripons.
L'être: vous irez à une soirée intéressante.
Le voir danser sur une scène: grand progrès dans votre vie.

Comète: La voir tomber: mésentente prochaine parmi des politiciens.
La voir tomber dans le ciel: guerre prochaine.
Etre éclairé par une comète: intelligence.

Commérage: Les entendre: désagréments pour les hommes; attention aux mauvaises langues si vous êtes une femme.
Voir ou entendre une femme laide commérer: méfiez-vous des femmes de votre entourage pour ne pas vous attirer d'ennuis.

Communion: Voir un prêtre distribuer la communion: vos idées seront mises en pratique.
Recevoir la communion et toucher des doigts l'hostie avant de la mettre en bouche: vous ferez un délit.

Concert: L'entendre: meilleure santé pour les malades; bonheur pour les autres.
Donner un concert: grand honneur et succès.

Concombres: Les voir pousser: vous tirerez grand profit de vos fruits.
En manger des amers: longue et pénible maladie.
En manger des aigres: insuccès dans votre travail.

Confession: Se confesser: vous vous débarrasserez de mauvaises pensées.
Confesser autrui: grand honneur.

Conscience: Avoir bonne conscience: vie agréable.
Avoir mauvaise conscience: misère et tristesse.

Conseil: Demander conseil à sa femme: bonne entente en famille.
Demander conseil à une vieille femme: chagrin.
Demander conseil: infidélité.

Demander conseil à des femmes: ruine.
Conseiller ses petits enfants: orgueil.
Ecouter un conseil: grand désagrément.

Contravention: En avoir une: craignez les mauvais conseils qui seront cause de souffrance.
La détruire: grande joie et succès.

Coq: L'entendre chanter: bonne nouvelle.
Le voir tourner autour des poules: vous flirterez avec de jolies femmes.
Le voir apeuré et chantant: vous serez en mauvaise compagnie.
Le voir se battre: grande mésentente en famille.
Le voir se promener accompagné de poules: bonne entente en famille.
Le voir rouge: amour victorieux.
Voir plusieurs coqs dans un champ: grande joie et succès.

Coquelicot: Le voir rouge: grande joie.
L'offrir: grand cœur.
Le voir fleuri: élégance.

Corbeau: Le voir ou l'attraper: bon succès dans votre travail.
L'entendre croasser: danger:
Le voir croasser sur le toit d'une maison: mort prochaine pour la personne qui habite la maison.
En voir plusieurs: vous allez perdre vos biens.

Corbeille: La voir: mariage pour les célibataires; naissance pour les couples mariés.
Ramasser de la terre dans une corbeille: vous irez à un enterrement.
Porter du pain dans une corbeille: vie misérable et travail difficile.

Corde: La voir ou s'en servir pour attacher quelque

chose: votre travail sera difficile et désagréable.
Se trouver ligoté avec une corde: avenir malheureux.

Cornes: En voir: une femme vous attaquera.
Se mettre dc belles cornes sur la tête: grâce à votre talent vous gagnerez beaucoup d'argent.
Avoir des cornes d'élan: vous allez être très occupé.

Corps: Le voir se mouvoir: joie pour les célibataires; bonne entente dans votre famille pour les couples mariés.
Le voir nu: débauche.
Caresser le corps d'une femme: perte de virginité.
Toucher le corps d'un homme: succès en amour pour les femmes.
Le voir rouge: vous allez être malade.

Corset: En voir: méchanceté pour les hommes; attaque pour les femmes.
Voir ou tenir entre vos mains celui de votre femme: dispute avec une femme.
Etre un homme et porter un corset: vous vous attirerez le mépris de tous.
Voir une belle femme avec un beau corset: succès pour les hommes; orgueil pour les femmes.
Voir une femme laide avec un corset déchiré: tromperie pour les femmes; perte de l'amour pour les hommes.

Côtes: Les avoir cassées: grande mésentente en famille.
Les voir cassées: attention aux voleurs.

Coton: Le voir: vous serez riche.
Le voir emporté par le vent: risque de banqueroute.

Etre couvert de coton: bienfaisance.
En acheter: richesse.
En vendre: perte.

Cou: Le voir gras: amélioration dans votre vie.
Le voir blessé: tristesse et honte.
Le laver avec de l'eau propre: on vous fera confiance.
Le voir ouvert: attention à ce que vos amis ne vous blessent pas.
Le voir entouré de bandages: restriction.
Voir celui d'une femme entouré de bandages: grand amour pour les hommes; désagréments pour les femmes.

Coucou: L'entendre: grande joie et succès.
Le voir sur une branche et l'entendre: vous aurez une bonne nouvelle.
Le voir mort: mauvaise nouvelle.
Le voir chanter sur le rebord d'une fenêtre: grand malheur dans votre maison.

Coupe: La voir: vous ferez vos adieux à un être que vous aimez.
Boire la coupe: honte et misère.
En posséder une en or: vous ferez un voyage intéressant.
Voir un prêtre boire dans une coupe: grand changement dans votre vie.

Courir: Voir quelqu'un courir: vous aurez de bonnes idées.
Vouloir courir sans y parvenir: grave accident.
Voir plusieurs personnes courir: vous allez vous débarrasser de relations néfastes.
Courir après un ennemi: attention aux voleurs.

Couronne: La voir faite avec des ossements: maladie grave et mort.
En coiffer quelqu'un d'une en or: transmission de votre bonheur sur autrui.

Coiffer une femme d'une en or: augmentation de vos richesses.
Etre couronné: vous serez honoré.
Voir d'autres personnes couronnées: réussite dans les affaires.
Voir la couronne tomber: vous serez humilié.
Voir une jeune fille couronnée: joie et succès pour les femmes; heureux avenir pour les hommes.

Couronne de lauriers: La voir: intelligence pour les hommes; grossesse pour les femmes; mariage pour les jeunes filles.

Course: Les voir ou y participer: bon succès.
Y être battu: perte d'honneur.

Couteau: L'avoir dans les mains et s'en servir pour couper: méfiez-vous d'un accident.
Le donner à votre femme: attention que votre femme ne vous tue.
Posséder un petit canif: malentendus.
Se blesser avec un couteau: risques de blessure.

Couture: Coudre à la machine: travail utile mais désagréable.
Coudre à la main: vie dénuée de sens.

Couverture: En avoir une chaude: vous allez vous débarrasser de vos ennuis.
Couvrir quelqu'un chaudement: une maladie intestinale vous guette.
Se découvrir: vous découvrirez des secrets.

Crapaud: Le voir ou le tuer: attention à ne pas attraper une maladie vénérienne au contact de filles de mœurs légères.
En avoir peur: mésaventure.
En voir plusieurs: attention aux ennemis inattendus.

Cri: Etre dans l'impossibilité de crier: allez voir un médecin car vous êtes malade.
Crier: vous allez avoir des maux de gorge.
Entendre hurler: vous aurez de bonnes nouvelles.
Crier de peur: vie difficile et misérable.
Crier des invectives à un jeune homme: heureuse rencontre pour les jeunes filles.

Critique: Critiquer: succès.
Critiquer une jeune fille: vie honnête pour les jeunes filles; amour heureux pour les hommes.
Etre critiqué: tristesse.

Crochet: Le voir: attention à ne pas être mêlé à un procès.
Mettre un crochet dans la bouche d'une femme: bientôt vous mettrez une fin aux commérages.
Le mettre dans sa bouche: risque de maladie.
Le casser: heureux avenir.

Crocodile: Voir ou être attaqué par un crocodile: haine de vos amis.
Etre mordu par un crocodile: attention, vous risquez de mourir.
Voir un méchant crocodile: débarrassez-vous de mauvais amis.
L'entendre: méfiez-vous, vous risquez d'être berné.

Croix: La voir: vie heureuse.
L'offrir en cadeau: vous aurez des idées bonnes et utiles.
La porter sur la poitrine: orgueil pour les hommes; dévouement à votre religion pour les femmes.
En porter en argent: bienfaisance.
La recevoir en cadeau: vous recevrez bientôt de l'argent.
La voir au bord d'un chemin de campagne: un membre de votre famille mourra bientôt.

Croûte: La manger et ne pas pouvoir la finir: succès pour les fermiers.
Manger une croûte molle: gourmandise.
Manger une croûte brûlée: mauvaise orientation dans votre travail.
La manger salie: désagréments entre amis.

Cruche: La voir: perte de vos biens et désagréments.
La voir remplie de liquide: réjouissances.
L'acheter: grande joie.
Verser le contenu de la cruche: grande joie et bon succès.
Y transporter de l'eau pure: succès.
Y transporter de l'eau souillée: insuccès.
Poser une cruche remplie de bière sur la table de festin: vous serez honoré par vos amis.
La casser: peur subite.

Cuillère: Manger avec une cuillère: bon appétit et richesses.
Voir ou manger avec une cuillère en or: joie.
Voir ou manger avec une cuillère en argent: amélioration de votre vie.
Voir des cuillères sales: grande négligence.
Fabriquer des cuillères: vous aurez grand appétit.
Vendre des cuillères en chêne: bon et heureux avenir.

Cuisinière: La voir allumée: vous direz adieu à vos amis.
Y faire réchauffer de la nourriture: amélioration de votre vie.

Cuisse: Voir de grosses cuisses: bonne santé.
Les voir enflées: attention à ne pas vous blesser aux pieds.
Voir de belles cuisses: bonne santé pour les femmes; succès en amour pour les hommes.

Cul-de-jatte: Voir un cul-de-jatte: un de vos amis risque un accident.
L'être: attention aux accidents.

Cygne: Les voir voler: bonheur pour les hommes; amélioration dans l'état de santé des malades.
En voir des blancs: grand succès dans la vie.
En voir des noirs: tristesse.
Les entendre siffler: vie dure et malheureuse.
Acheter un cygne: profit.
Le vendre: insuccès.
En voir les ailes: grande joie.

Cymbale: En voir: grand rassemblement de personnes.
En jouer: grande joie.
Voir un bel homme en jouer: pour les femmes, allégresse et succès en amour; pour les hommes, satisfaction en amour.

D

Danger: Etre en danger: vous recevrez de l'aide dans votre vie.
Sortir du danger: grand succès dans vos travaux.

Danse: Voir de jeunes gens danser: vous recevrez une bonne nouvelle.
Voir de vieilles femmes danser: vous assisterez prochainement à un mariage.
Voir une jeune fille danser: mécontentement et jalousie.
Voir un bel homme danser: heureux avenir.
Voir des femmes danser: vous recevrez de très bonnes nouvelles.
Danser: avenir heureux.
Voir un mendiant danser: tristesse pour les gens riches; meilleure vie pour les gens pauvres.

Débit de boissons (café): Le voir: lassitude pour les travailleurs; travail pour les chômeurs.
Y offrir à boire à des jeunes filles: tristesse pour les couples mariés; les célibataires tomberont amoureux.
Posséder un café: ennuis.
Le vendre: grande joie.

Décoration: La voir: honneur.
La recevoir: heureux avenir.
Décorer quelqu'un: vous serez bientôt honoré.
Voir quelqu'un être décoré: grand succès, bel avenir.

Décoration artistique: Avoir bon goût: bonne santé, heureux aveni
Ne pas avoir de goût: vous aurez des jou difficiles.

Dédain: Etre dédaigneux: vous commettrez une bêtis dont vous serez la victime.
Parler avec dédain: quelqu'un vous traiter dédaigneusement.
Si l'on vous parle dédaigneusement: attentio aux trompeurs.

Défaite: Etre vaincu: tristesse.

Défaut: En avoir un: votre vie s'améliorera.
En avoir beaucoup: désagréments.

Demande: Faire une demande par écrit: vous aurez de démêlés avec la justice.
Voir votre demande refusée: grande perte.
Faire une demande: inquiétude et vie ma heureuse.
Faire une demande à vos parents et la voi refusée: on vous refusera ce que vous demar dez.
Si l'on vous demande quelque chose: orgue et honneur.

Démangeaison: Sentir des démangeaisons: vous vous inqui tez pour vos biens.
Démangeaison au nez: vous manquerez bient d'argent.
Démangeaison à la main: vous recevrez u cadeau utile.

Déménagement: Déménager: vous subirez une perte.
En déménageant, tomber du camion: vo aurez un accident dans votre nouvelle demeur
Perdre quelque chose en déménageant: que qu'un mourra dans votre nouvelle demeure.
Déménager en pleurant: succès dans vot nouvelle demeure.

Demeure: Demeurer chez autrui: méfiez-vous des mésententes.
Travailler dans la maison d'autrui: vous allez avoir votre propre maison; si vous êtes malade aggravation de votre maladie.
Habiter avec une femme: grande difficulté.
Habiter avec des hommes: mariage prochain pour les femmes; amitié pour les hommes.
Habiter avec une femme laide: peur et grave maladie.
Vivre avec votre femme: bonne et heureuse vie.
Demeurer avec des amis: bonnes relations.

Démolition: Voir démolir une maison: tristesse inattendue.
Voir démolir une maison de campagne: vos relations de bon voisinage seront bientôt rompues.
Achever de démolir une maison qui a brûlé: attention, on veut démolir votre vie.
Démolir une maison: déception.
Voir de vieilles femmes démolir une maison: attention aux commérages.

Dentifrice: Le voir ou s'en servir pour brosser ses dents: bonne hygiène de vos dents.
Essayer de se brosser les dents sans y parvenir: surveillez vos dents, vous risquez de les perdre.
Voir fabriquer de la pâte dentifrice: bonne et agréable vie.
Voir une jeune fille se brosser les dents: succès dans votre travail.

Désobéissance: Désobéir: vous allez être congédié de votre emploi.
Désobéir à une femme laide et vieille: grand bonheur.

Désordre: Le voir ou le créer: vie difficile et désagréable.
Le constater dans une réunion de personnes: songez à améliorer votre vie.

Dessin: Le voir: bon succès en amour.
En voir plusieurs: grande joie et bonheur.
Dessiner: perte de temps.
Voir quelqu'un dessiner: attention aux bêtises.
Dessiner des monogrammes: bon salaire.
Voir des dessins laids: méfiez-vous des femmes légères.

Dette: Payer ses dettes: perte de vos biens.
Payer ses dettes et ne pas se faire délivrer un reçu: attention de ne pas payer deux fois.

Devinette: Poser une devinette: intelligence.
Ne pas parvenir à deviner: vous aurez des problèmes.
La deviner: grande joie.

Diable: Le voir danser avec une jeune fille: attention aux commérages des femmes.
Rencontrer le diable: risque de tromperie.
Recevoir de l'argent du diable: attention, des pots-de-vin peuvent vous mener en prison.
Donner de l'argent au diable: attention aux voleurs.

Diamant: En voir: vous ferez une invention qui vous apportera la fortune.
Porter une bague ornée de diamants: grand respect.
Porter un bracelet de diamants: vous aurez une promotion dans votre travail.
Le nettoyer: vous vous débarrasserez de vos ennuis.
L'acheter: grande joie.
Le vendre: malchance en amour.

Dieu: L'honorer: grande joie et vie heureuse.
Le prier: joie de vivre.
Le voir et lui parler: grande satisfaction dans la vie.
Le voir au ciel: vous resterez toujours un honnête homme.

Le voir vous parler du haut des cieux: vous devriez écouter les enseignements de l'Eglise.
Se plaindre à Dieu: vous aurez prochainement du succès dans votre vie.

Difficulté: En avoir: misère et souffrance.
Avoir de la difficulté à soulever quelque chose: risque d'accident d'automobile.

Dinde: L'entendre: vous aurez bientôt à traiter avec un idiot.
L'acheter: misère.
La tuer: bonne entente dans votre famille.
La voir morte: attention aux accidents.
En voir plusieurs: richesse.
Leur donner à manger: grand cœur.

Dîner: Dîner: travail bon et utile.
Dîner seul et refuser de le partager: avarice et jalousie.
Dîner avec des amis: vous allez bientôt perdre un de vos amis.
Dîner dans un restaurant: malentendu parmi vos amis.

Disparition: Se sentir disparaître: méfiez-vous de faux amis.

Dispute: Au sein de la famille: un avenir difficile et désagréable vous attend.
Désaccord avec votre mère: désagréments.
Se disputer avec des parents: misère.
Parmi des femmes: insuccès en amour.
Parmi des hommes: souffrance.
Avec votre patron: désappointement.
Entre amoureux: bon succès.
Entre amis: désagrément inattendu.
Avec une jeune fille: insuccès dans votre travail.
Avec un homme: orgueil.
Avec un malade: tristesse.
Avec un mendiant: grande honte.
Avec un prêtre: attention aux désagréments.

Divan: Le voir: amélioration de votre situation de famille.
L'acheter: dépenses inutiles.
Y être assis en compagnie d'une jeune fille: mariage prochain; pour les gens mariés, naissance d'un enfant.
Y dormir: paresse.
Y être allongé et fumer: attention à ne pas tomber dans la misère.
Les fabriquer: bonne rémunération.

Divorce: Divorcer: grand succès.
Divorcer d'avec sa femme: attention à ne pas être trompé.
Divorcer d'avec son mari: grand malheur.

Doigt: Se brûler un doigt: insuccès inattendu.
Voir un doigt portant une bague en or: union conjugale indissoluble.
Se couper le doigt: vie difficile.

Dollar: Les voir ou les changer: grande perte prochaine.
Les échanger contre de l'or: richesse.
Acheter quelque chose avec des dollars: acquisition de la richesse.
Les compter: un bon revenu s'annonce pour vous.

Domaine: Le voir ou le posséder: grande joie.
Le posséder avec la demeure complètement installée: bonne et riche épouse pour les célibataires; acquisition de la richesse par un travail difficile et acharné pour les couples mariés.
Le voir en feu: grande perte pour les fermiers; bonnes affaires pour les commerçants.

Domestique: L'engager: fermez vos portes à clé et craignez les voleurs.
Lui parler: désagréments.

Dormir: Dormir: bon succès.
Dormir dans le lit de l'être que vous aimez: vous aurez beaucoup d'amis.
Sursauter pendant votre sommeil: mauvaise nouvelle.
Voir une femme endormie: succès en amour.
Réveiller une femme endormie: attention aux commérages.
Voir un homme endormi: tristesse pour les femmes; succès pour les hommes.

Dos: Le voir: vie désagréable.
Le voir blessé: méfiez-vous de vos ennemis.
Le voir nu et sale: vous aurez un travail difficile et ennuyeux.
Se gratter le dos: joie.

Douane: Etre dans les bureaux de la douane: vos ennuis vont recommencer.
Se disputer avec le douanier: vous allez perdre vos biens.
Battre le douanier: vous allez bientôt faire de la contrebande.

Douleur: Avoir des douleurs: désagréments et malentendus.
Les soigner: vie meilleure.
Avoir mal à la tête: vous résoudrez un problème.
Sentir une douleur au côté: risque d'une maladie longue et subite.
Avoir de grandes douleurs: mauvaise compagnie féminine.
Avoir une douleur dans la poitrine: inquiétude.

Drapeau: Le voir: grande joie.
Le porter: surveiller le trésor de l'Etat.
Le voir déchiré: tristesse.

Eau: La voir propre: vie heureuse.
Porter de l'eau: travail utile et bon.
La voir sale: désagréments.
Tomber dans l'eau: vous aurez une mésaventure.
Se baigner dans de l'eau chaude: risque de maladie grave.
Se baigner dans de l'eau froide: santé.

Eau de Cologne: La sentir: infidélité.
S'en parfumer: propreté et joie.
L'acheter: grande perte.
S'en asperger: orgueil.

Echange: Faire un échange: vous aurez des ennuis.
Berner quelqu'un lors d'un échange: vous serez trompé.

Echelle: La voir ou monter sur une échelle: grand bonheur.
La voir cassée: attention à ne pas tomber.
Monter toujours plus haut sur une échelle: grand honneur.
Descendre d'une échelle: aventure malheureuse.
Voir des pompiers monter sur une échelle: risque d'incendie dans votre maison.
La porter: travail difficile et urgent.

Grimper sur une échelle pour faire un discours: vous serez augmenté.
Tomber d'une échelle: insuccès.
La voir brûler: heureux avenir et bon succès.

Eclair: Le voir: danger.

Eclipse: Voir celle du soleil: on cherche à vous nuire.
Voir celle de la lune: vie difficile.

Ecole: Y aller: songez à améliorer votre situation, suivez des cours.
Y voir beaucoup d'élèves: grande joie.

Ecrevisse: La voir: dispute inutile.
La voir rouge: malchance.

Ecrivain: Le voir: grandes idées.
L'être: vous serez bientôt une personne honorable.
Le voir écrire un livre: grande gaîté et vie heureuse.
Lui parler: respect et orgueil.
Commencer à écrire un livre: bon et heureux avenir.

Education: Etre bien élevé: vous serez bientôt déchu.
Voir une belle femme bien élevée: vous serez bientôt amoureux d'une jeune fille.
Bien se tenir à table: grand honneur.

Eglise: La voir: promotion.
Y aller: vous apprendrez une heureuse nouvelle.
La voir bâtir: grande allégresse.
Y prier: mort d'un de vos amis.
Y faire la quête: sacrifice.
La voir avec un clocher très grand: vous serez honoré.
Y voir célébrer un mariage: mariage pour les célibataires; naissance pour les couples mariés.
Monter dans le clocher d'une église: progression dans votre vie.

Elan: Le voir: soyez charitable, votre honneur est en jeu.
En voir plusieurs: grande joie.
L'attraper: bonheur.
Le tuer: vous recevrez bientôt une mauvaise nouvelle.

Eléphant: Le voir: surprise.
Lui donner quelque chose: vous recevrez un bon conseil.
Monter sur un éléphant: gros gain.
Se promener à dos d'éléphant: grand amour.

Embrasser: Une belle femme: bon augure.
Une femme laide: maladie grave.
L'être aimé: amour payé de retour.
Embrasser le sol de l'église: vous regretterez vos fautes.
Voir les autres s'embrasser: amour.
Etre embrassé: visite d'un être que vous aimez.

Enceinte: L'être: grand honneur.
Voir une femme enceinte: attention aux malentendus.
Voir une femme vieille et laide enceinte: méfiez-vous des travaux difficiles.
Voir une belle jeune fille enceinte: grande joie.

Enfants: Les voir: grande joie.
Les voir jouer: grande joie et succès dans votre famille.
Les voir pleurer: mésentente en famille.
Pour une femme enceinte voir un bel enfant: attention aux accidents.

Enfer: Le voir ou y brûler: attention à ne pas vous retrouver en prison.
S'échapper de l'enfer: grande joie et tranquillité.
Passer près de l'enfer: méfiez-vous d'un piège.

Enterrement: Enterrer un mort: misère.
Voir enterrer un homme vivant: changement de temps.
Etre enterré: difficultés dans votre vie.
Voir ou assister à un enterrement: pertes.
Se disputer à propos d'un mort: attention à l'injustice.
Accompagner un mort au cimetière: changement de température.
Enterrer un de vos amis: attention à ne pas être la victime d'une injustice.

Enveloppe: En voir: vous allez recevoir des lettres.

Envoi: Envoyer un colis: grande joie.
Envoyer de l'argent: grande perte.

Epaule: Haussement d'épaules: vous aurez un travail difficile et ennuyeux.
Les avoir couvertes de sang: misère.
Avoir une épaule coupée: mort d'un membre de votre famille.
Les voir enflées: attention à ne pas vous blesser en faisant un travail dangereux.
Les avoir fortes: richesse.
Les avoir courbées: vous aurez une vie difficile.

Epée: La voir en argent: grande victoire.
La voir brisée: insuccès ou perte inattendue.
La tenir en main: vous aurez une promotion.
La porter suspendue à votre côté: orgueil.
La perdre: misère.
Se blesser la main avec une épée: risque d'aventures malheureuses.
Voir quelqu'un blessé par une épée: ennuis inattendus.

Epouse: La voir avec un bébé: grande joie.
La voir grosse et grande: amélioration de votre vie.

Flirter avec son épouse: vie heureuse.
La voir méchante et triste: méfiez-vous d'une vengeance de votre femme.

Erreur: Faire une erreur: vous serez victime d'une injustice.

Escalier: Les voir neufs: bon succès.
Monter un escalier: promotion.
Le descendre: déchéance.
Monter un escalier cassé: ennuis.
Monter un escalier en ciment: vous menez une vie stable.

Esclave: Le voir: risque de prison.
En voir plusieurs: vie malheureuse.
L'être: tristesse.
Lui parler: détérioration de votre vie.

Espion: Le voir ou lui parler: vous risquez d'être impliqué dans un procès politique.
Etre son ami: sous serez traître à votre pays.

Essuie-pieds: Le voir: ordre et vie exemplaire.
Le voir sale: malchance en voyage.
Le vendre: perte.
L'acheter: richesse.

Essuyer: Quelque chose: vous vous débarrasserez de travaux difficiles.
Essuyer des pieds sales: grande joie et vie heureuse.

Etable: Y voir des animaux: grande joie et richesse.
Y voir un animal mort: grande perte et malheur inattendu.

Etain: Faire fondre de l'étain la veille du nouvel an: avenir heureux.
Faire une statue en étain: grande allégresse et bon succès.
Voir une belle jeune fille toucher de l'étain:

bon augure pour les femmes; amour subit pour les hommes.

Etalon: Le voir blanc et gros: augmentation de richesses pour les fermiers; augmentation de salaire pour les salariés.
L'entendre ou le voir hennir: bonne nouvelle.

Eté: Rêver de l'été en hiver: changement de vie soudain.

Eternuement: Eternuer: vie heureuse.
Ne pas pouvoir éternuer: maladies pulmonaires.
Eternuer avec difficultés: déception.

Etiquette: La voir ou la coller: bon succès dans le commerce.
La détacher d'une marchandise: méfiez-vous de procès déplaisants.
En coller une rouge: bon succès dans vos affaires.
En coller une blanche: affaire bonne et honnête.
En coller une jaune: tristesse.

Etoiles: Les voir: voyage.

Etranger: Le voir parler avec quelqu'un de votre connaissance: mécontentement.
Donner quelque chose à un étranger: grande joie.
Conseiller une jeune fille étrangère: méfiez-vous des femmes légères.
Embrasser un étranger: vous aurez une vie difficile.
Le voir ou lui parler: méfiez-vous des persécuteurs.
Etre étranger: attention, que vos compatriotes ne vous entraînent pas dans une vie sans issue.

Etranglement: Etrangler: vous vaincrez vos ennemis.

Etre étranglé: misère.
Entendre le cri d'une femme que l'on étrangle: allez sur les lieux. elle a besoin de vous.
Etrangler un pauvre: honte.

Etreinte: Etreindre: charité.
Etreindre une jeune fille: joie pour les célibataires; mésaventure pour les gens mariés.
Si une jeune fille vous étreint: succès en amour.
Etreindre ses parents contre son cœur: vie heureuse.

Etude: Etudier à l'université: honneur.
Enseigner à autrui: grand honneur.
Suivre des cours: vie monotone et triste.
Etudier la médecine: vous rendrez service à l'humanité.
Finir ses études universitaires: vie heureuse.

Evangile: L'entendre lu par un prêtre: grande joie et honneur.
Le lire: vous serez prochainement une personne respectable.
L'acheter: vous serez généreux.
L'entendre dans une église: grande joie.

Evanouissement: S'évanouir: méfiez-vous des incidents.
Voir une personne s'évanouir: risque de malheur.

Eventer (s'): S'éventer: votre vie sera plus facile.
Eventer quelqu'un: grande joie pour les femmes; insuccès pour les hommes.

Examen: Passer un examen écrit: vous recevrez de mauvaises nouvelles.
Echouer à un examen: maladie longue et grave.
Passer un examen: se débarrasser des ennuis.

Explosif: Les poser: surprise.

Exposition: La voir ou y assister: diligence et joie.

FFFF

Faillite: Faire faillite: succès en amour.
Voir des magasins en faillite vendre leurs marchandises: découragement.

Falaise: Les voir et s'y promener: grand succès dans votre travail.
Tomber d'une falaise: tristesse et mauvaise nouvelle.

Famine: L'éprouver: perte de vos biens.
Etre affamé et ne pas trouver à manger: vie difficile.

Fantôme: Le voir vêtu de blanc: joie et bonheur.
Le voir vêtu de noir: méfiez-vous d'une mort subite.
Le voir: tristesse et peur.

En voir plusieurs: craignez les femmes impudiques.
Le voir portant chapeau noir: attention, on cherche à vous effrayer.
Danser avec un fantôme: attention à ne pas attraper de maladie contagieuse.

Fardeau: Porter un fardeau: travail dur et inutile.
Tomber sous le poids d'un fardeau: misère.
Voir quelqu'un porter un fardeau: vie difficile.

Farine: La moudre: travail rémunérateur.
La voir noire: mort d'une de vos connai sances.
La voir sale: attention aux tromperies.

Fatigue: Etre fatigué: aggravation de votre état d santé.
Se fatiguer en portant quelque chose: vou aurez une augmentation.
Voir une personne fatiguée: grand bonheu inespéré.
Se disputer avec une personne fatiguée malentendu.
Donner quelque chose à une personne fatiguée joie et bienfaits.
Voir plusieurs personnes fatiguées: insuccès e misère.
Danser avec des personnes fatiguées: heureu avenir.

Faucon: L'attraper: joie.
Essayer de l'attraper sans y parvenir: perte de profits.
Le voir voler très haut: votre honneur sera rehaussé.
Le vendre: perte de votre bonheur.

Faux: La voir ou travailler avec une faux: soyez toujours très attentif.
Se blesser avec une faux: malheur.
Vouloir tuer quelqu'un avec une faux: vous allez blesser quelqu'un.
Tuer un animal avec une faux: bientôt un procès déplaisant.
Attaquer quelqu'un avec une faux: craignez des malheurs.

Femme: La voir bavarder: vous serez trompé.
Se quereller avec une femme: tristesse.
L'aimer: amours brèves.
L'embrasser: bonnes relations en amour.
La battre: beaucoup d'ennuis.

Etre une femme bonne: grande joie et satisfaction dans la vie.
Etre une femme extraordinaire: honneur et succès dans vos travaux.
Voir une femme extraordinaire ou lui parler: grande joie.
Voir une femme torse nu: tromperie prochaine.
Parler sérieusement avec une femme: grande joie.
La voir ou lui parler: tristesse.
Tomber amoureux ou épouser une femme: grand succès dans votre famille.
La voir fatiguée: maladie.
Voir ou parler avec une femme blonde: grande joie
Voir ou parler avec une femme brune: misère et ennuis.
Voir une femme nue: curiosité; mariage pour les hommes célibataires; joie pour les hommes mariés.
La voir se regarder dans un miroir: méfiez-vous des femmes.
Voir une très belle femme: grande joie.
Pour un homme devenir une femme: honte et fatigue.
Impossibilité d'aimer une femme: grande perte.
Impossibilité de voir l'être aimé: vous ferez un long et difficile voyage.

Fenêtre: La voir: vous améliorerez votre vie.
Voir le soleil à travers la fenêtre: vie joyeuse et heureuse.
La voir ouverte: grande joie.
Rentrer par la fenêtre: vous serez le bienvenu partout où vous irez.
La voir fermée: tristesse.
La casser: malheur.

Fer: En voir: tristesse.
Le voir battre: mésentente.
Le battre quand il est rouge: hémorragie.

Etre battu avec une canne de fer: grande tristesse.
Sauter par-dessus une clôture en fer: joie pour les pauvres; tristesse pour les riches.
Battre quelqu'un avec une canne de fer: grande victoire.

Fer à cheval: Le trouver: bonheur et richesse.
Le perdre: perte de vos biens.

Ferme: La voir ou y être: vous deviendrez riche.
L'acheter: grande joie et succès.
Y habiter: bonne santé et joie.
Y travailler: grande joie et succès.
Voir d'autres personnes y travailler: ennuis.

Fermier: Le voir travailler dans les champs: grande joie et succès.

Fête: Célébrer une fête: bon succès.
Voir plusieurs personnes célébrer une fête: grande joie.

Feu: Le voir: méfiez-vous d'une personne qui est en colère contre vous.
Le voir mal allumé: attention à ne pas perdre votre honneur.
Faire allumer le feu par un homme: joie en amour.
Voir allumer le feu par une femme: bonne entente dans le mariage.
Se faire brûler: attention aux révélations sexuelles qui pourraient vous faire souffrir ensuite.
Toucher le feu: grand succès dans la vie.
Y brûler: vie difficile et désagréable.
L'éteindre: méfiez-vous des aventures.
Voir une maison brûler: beau temps.

Feuilles: Les voir vertes et les cueillir: mésentente avec vos voisins.
Les voir jaunies: le temps est venu de vous

marier si vous êtes célibataires.
Les râteler: vous aurez toutes sortes d'ennuis.
Les mettre dans un trou: fin de votre misère.

Fiançailles: Voir votre fiancé parler à des jeunes filles: succès pour les hommes; orgueil pour les femmes.
Etre fiancé: bientôt vous désirerez vous marier.
Voir son fiancé aller à l'église: bon succès en amour pour les hommes; mariage prochain pour les femmes.
Voir des fiancés devant l'autel: décision de se marier pour les femmes; perte de l'être aimé pour les hommes.
Voir des fiancés assis à table: grand honneur pour les femmes; ennuis pour les hommes.
Voir une fiancée: désagréments.
Voir une fiancée malade: attention à ne pas attraper une maladie contagieuse.
L'embrasser: évitez les disputes.

Fièvre: Avoir de la fièvre: attention à ne pas attraper froid.
Se sentir fiévreux: vous aurez de grandes tentations.

Fil: L'acheter ou s'en servir pour coudre: pauvreté.
Voir des fils emmêlés: jalousie.
Coudre des vêtements: bon augure.

Filet: Le voir: on va vous faire du mal.
Le voir déchiré: travail facile mais mal rémunéré.
Le faire sécher: fini les travaux difficiles.

Flamme: La voir: beau temps.
Voir votre maison en flammes: méfiez-vous de vos ennemis.
La voir lointaine: vous risquez d'être attaqué.

Flatterie: Etre flatté: vous serez respecté.
Flatter: diminution de personnalité.

Flatter une jolie femme: ennuis avec les femmes.

Fleurs: Les voir pousser: vie honnête.
Les voir fanées: amours brèves.
Recevoir un bouquet de fleurs: avenir très honorable.
Etre décoré avec des fleurs: vie joyeuse.
Les voir blanches: grand succès.
Les voir rouges: éternel amour.
Les voir jaunes: travail inutile.
Les voir de toutes les couleurs: amitié solide.
Les cueillir: vous aurez bientôt un travail agréable.
Les jeter sous les pieds de quelqu'un: grande joie.

Foie: En manger: maladie.
Voir celui des humains: tristesse.
L'avoir malade: vous serez malade.
Le voir à travers le squelette: maladie intestinale.

Foin: Le voir: bon succès pour les fermiers.
Voir une charrette chargée de foin: vous recevrez une lettre de l'étranger.
Le faucher: travail difficile, mais agréable.
Voir des meules de foin: richesse.

Fonctionnaire: L'être: risques de désagréments.
Détourner les fonds de l'administration: grand malheur.
Renoncer à ses fonctions: votre vie va s'améliorer.

Fondation: Creuser des fondations: vos idées vous apporteront la fortune.
Voir s'écrouler des fondations: risque de malheur.
La cimenter: richesse.

Fontaine: La voir: des personnes voudraient vous aider mais n'osent pas vous le proposer.
Y voir couler de l'eau pure: grande joie.
Y voir couler de l'eau sale: ennuis.

Forêt: La voir: grand succès dans votre vie.
Y vivre: bon salaire.
Se promener en forêt avec une jeune fille: ennuis.
S'y promener avec un flirt: joie.

Fortune: L'acquérir: vous aurez un ennemi éternel.
L'acquérir à l'étranger: injustice.
La vendre: vous vous mésestimerez.
Etre heureux de votre fortune: vous aurez de beaux enfants.

Fosse: La voir: insuccès.
La creuser: vous voyagerez.
Creuser celle d'un mort: changement dans votre vie.
Tomber dans une fosse: misère.

Fossé: Sauter par-dessus: grande victoire.
Impossibilité de le sauter: vous aurez des ennuis.
Tomber dans le fossé: votre vie va devenir difficile.
Voir des hommes le creuser: travail dur mais bien rémunéré.
Creuser le fossé: travail dur et mal rémunéré.
Le voir plein d'eau propre: bon avenir.
Le voir plein d'eau sale: maladie.
Voir quelqu'un de respectable creuser un fossé: promotion.
Le combler: fin de votre misère.

Fou: L'être: soyez un ami sûr pour les femmes.
Le devenir par une vie misérable: vous risquez d'être méprisé.

Fouet: Le voir ou le posséder: ennuis.
Voir fouetter: risque de mésentente.
Fouetter: méfiez-vous de vos amis car vous risquez de souffrir.
Etre fouetté: méfiez-vous de vos amis pour ne pas être humilié.
Frapper, avec un fouet, la tête de quelqu'un: vous aurez pitié d'autrui.

Fourche: La voir ou s'en servir pour travailler: attention à ne pas nuire à autrui.
Voir quelqu'un s'en servir: désagrément prochain.
La casser: perte inattendue.
Voir une jeune fille transpercée par une fourche: douleur pour les hommes; attaque des ennemis pour les femmes.

Fourmis: Les voir travailler: vous allez avoir un bon emploi.
Etre attaqué par des fourmis: risque de maladie grave.
Les voir voler: voyage long et difficile.

Fourrure: En voir ou s'en vêtir: richesse et succès dans le travail.
La posséder: travail stable.
Se vêtir d'une fourrure déchirée: vie difficile et déplaisante.

Framboises: Les voir: vous serez invité à une grande soirée prochainement.
Les manger: vous aurez une grande joie.
Les manger vertes: ennuis.

Friandises: Les manger: attention à ne pas avoir de douleurs intestinales.

Froid: Avoir froid en hiver: patience.
Avoir froid en été: difficultés dans votre vie.

Fromage: Le voir ou le manger: fermeté dans votre décision.
Le vendre: bonne vie.
Le manger durci: maux de dents.
Manger du fromage ramolli: joie.

Fruit: Les voir mûrs: grande joie.
Les voir pourris: ennuis.

Fumée: La voir sortir de la cheminée: on risque d'incendier votre maison.
La voir monter: grand honneur et fierté.
La voir descendre: humiliation.
Voir le feu et la fumée: grande misère.

Fumier: Le transporter: dépenses importantes pour un procès.
Répandre des vidanges: risque d'accident d'automobile.
Voir de gros tas de fumier: désagréments pour les employés.
En voir dans votre bureau: soignez votre propreté.
Se salir avec du fumier: misère et malheur.

Fusil: Le voir ou le posséder: attention, risque d'ennuis.
Si le coup est parti accidentellement: attention au maniement des armes.

Fûts: En voir remplis d'eau: vous aurez bientôt tout ce que vous pouvez désirer.
Les voir sales: honte.
Les voir vides: tromperie.
Les voir sans fond: perte inattendue.

G

Gage: Donner un gage: travail à perte.
Prendre un gage: mésentente.
Accepter un gage d'une jeune fille: attention de ne pas être enceinte.

Gaieté: Etre gai: discorde.
Voir plusieurs personnes être gaies: grande joie.

Gangrène: La voir ou en avoir peur: maladie incurable.
Avoir ou soigner la gangrène: méfiez-vous des tromperies car vous perdrez une partie de votre fortune.
Voir une femme atteinte de gangrène: attention à ne pas attraper de maladies dans vos relations avec les femmes.
Voir un homme atteint de gangrène: bon augure pour les femmes, un homme vous aimera.
Voir une femme laide atteinte de gangrène: vos ennuis disparaîtront subitement.

Gants: Les porter: orgueil et honneur.
Avoir des gants déchirés: avenir désagréable.
Avoir de très beaux gants en cuir: honneur.
En avoir des blancs: avenir heureux et bon.

Gâteau: Le manger: richesse.
Le faire: soyez plus élégant dans vos tenues vestimentaires.
Le vendre: gain bon et utile.

Gaz: Le voir blanc: vie heureuse.
Le voir gris ou noir: malheur.
S'asphyxier au gaz: des femmes risquent de vous empoisonner.
Voir plusieurs personnes asphyxiées au gaz: signe précurseur de guerre.

Géant: Le voir et lui parler: vous serez bientôt riche.
Le chasser de votre maison: victoire et succès.
Se battre avec un géant: grande joie dans votre travail.
Le faire battre: vous vaincrez vos ennemis.
Le voir malade: faiblesse chez vos ennemis.

Geler: Se geler le nez ou toute autre partie du corps: affaiblissement de votre santé.
Etre gelé: attention à ne pas tomber malade par temps froid.

Genou: Se blesser au genou: vos biens seront endommagés.
Le voir saigner: maladie grave.
Les avoir sales: manque de culture.
Marcher sur les genoux: vous allez être malade.
Embrasser ceux de quelqu'un: attention à ne pas avoir de démêlés avec les autorités policières.

Gilet: Le voir: grande misère.
Mettre un gilet noir: défaveur imprévisible.
Mettre un gilet blanc: grande joie.
Le voir sali: ennuis.

Gitane: La voir ou lui parler: grande tromperie.
Lui faire la cour: grande honte.
La voir rire: crise cardiaque imprévisible.
La voir échanger son cheval: gardez-vous des trompeurs.

Givre: Le voir en hiver: vous allez faire un voyage en pays lointain.

Etre couvert de givre: attention à ne pas attraper froid.

Glace: La voir: signe de grand froid.
La casser avec une hache: travail difficile mais bien payé.
La transporter: bon avenir.
Voir de l'eau transformée en glace dans votre maison: cupidité.
La livrer dans les magasins: bon avenir.

Glaise: La voir: grande joie.
La voir brune: augmentation de votre fortune.
La voir noire: ruine.
La voir blanche: joie.

Gland: Les ramasser: bonheur inattendu.
Les vendre: bon gain.
Les voir pourris: succès dans vos projets.

Gorge: La voir ou l'avoir en argent: vous avez une belle voix.
Y avoir mal: attention, risque de maladies soudaines.
Avoir une gorge artificielle: n'attrapez pas froid.

Gorille: Voir ou jouer avec un gorille: méfiez-vous des femmes impudiques.
Voir un gorille porter une jeune fille: rencontre avec un homme malhonnête pour les femmes et avec une femme malhonnête pour les hommes.

Goudron: Le voir bouillir: méfiez-vous des faux amis qui risquent de vous faire souffrir.
En vendre: maladie grave.
En renverser: vous subirez peut-être une perte, prochainement.

Graines: Les voir: bon augure.

Les voir semer: bonne récolte pour les fermiers.
Les voir pourries: mauvaise année.
Les ensacher: bon salaire.
En voir de grosses: grand bonheur.

Graisse: La faire fondre et ensuite la boire: mauvaise santé et misère.
L'acheter pour la revendre: grande joie et bon succès.

Grelot: Le voir ou jouer avec un grelot: vous trouverez ce que vous cherchez.
Le vendre: vous vous débarrasserez de vos ennuis.
L'attacher au cou d'un animal: rencontre avec une commère.
L'agiter pour attirer l'attention du public: vous serez célèbre.

Grenier: Le voir ou y être: méfiez-vous, vous courez un grand danger.
Sortir d'un grenier: vous éviterez des ennuis.
Ne pas parvenir à sortir d'un grenier: insuccès.

Grenouilles: Les voir: vous serez blessé.
Les voir sauter: craignez les femmes légères.

Grillon: Le voir ou l'attraper: toutes sortes de désagréments vous attendent.
Le tuer: vous vous débarrasserez de personnes mauvaises.

Gronderie: Entendre gronder: vous aurez bientôt des ennuis.
Gronder quelqu'un: méfiez-vous de personnes auxquelles on ne peut se fier.
Gronder une jeune fille: risque de malentendus.

Groseilles: Les voir pousser: succès dans vos travaux.
Les manger mûres: vous irez à une soirée.

Les manger vertes: insuccès.
Les manger sûres: méfiez-vous des malheurs.

Grotte: La voir: méfiez-vous des accidents.
Tomber dans une grotte: ruine complète ou maladie incurable.
Y être: risque de malheurs.
Y entrer et chanter: attention, certains de vos amis pourraient vous faire du tort.
En mesurer la profondeur avec un instrument: vous atteindrez bientôt votre but.

Grue: La voir: vol de vos biens.
L'attraper: malheur.
La tuer et la manger: grande disgrâce.
L'entendre glapir: vous recevrez de bonnes nouvelles.

Guêpes: Les attraper: ennuis.
Etre piqué par des guêpes: risques de maladies.
Etre attaqué par des guêpes et se défendre: bonheur.

Guerre: Revenir cul-de-jatte de la guerre: grave accident.
Partir à la guerre: misère.
Se préparer à partir à la guerre: paix mondiale.
Gagner la guerre: avenir malheureux.
Etre à la guerre: vie difficile et malheureuse.
Entendre des femmes parler de guerre: vous aurez bientôt des ennuis.

Guitare: Voir jouer de la guitare: vous apprendrez de mauvaises nouvelles.
La voir: bon augure.
Entendre jouer de la guitare: vie heureuse.
En jouer: vous avez de bonnes idées.
En voir les cordes cassées: votre cœur sera brisé.
Voir plusieurs jeunes filles jouant de la guitare: succès.

En voir jouer par un homme: vous allez être invité à une soirée.

Voir casser une guitare sur la tête de quelqu'un: mésentente dans votre famille.

Voir un être que vous aimez jouer de la guitare: souciez-vous de sa vie.

H

Hache: Voir ou travailler avec une hache: malheur inattendu.
Voir quelqu'un frapper avec une hache: méfiez-vous de vos amis.

Haie: La voir ou sauter par-dessus: vous acquerrez des terrains.
La voir fleurir: augmentation de vos richesses.

Haine: Haïr quelqu'un: vous allez perdre vos amis.
Haïr une jolie femme: attention à ne pas avoir de désagréments.
Haïr un homme à cause d'une femme: amour et grand attachement.
Haïr ses parents: méfiez-vous des gens méchants.

Hâte: Se hâter entre l'église et la maison: attention aux accidents.
Faire une chute en se dépêchant: toutes sortes d'accidents vous guettent.
Obliger quelqu'un à se dépêcher: amour pour les femmes; inquiétude pour les hommes.
Se hâter dans son travail ou en voyage: il est trop tard pour vous soucier de votre avenir.
Voir les gens se hâter vers l'église: vie agréable et bonne.

Herbe: La voir: bon avenir.

Hérétique: En voir: attention à ne pas commettre d'erreurs. Etre lié d'amitié avec eux ou recevoir leurs conseils: vous êtes un homme sans scrupule.
L'être: tristesse inattendue.
Les entendre chanter: vous redeviendrez croyant.
Se battre contre eux: victoire prochaine sur vos ennemis.

Hérisson: Le voir avec de longs piquants: grande inquiétude.
Le voir noir et se piquer les mains à ses piquants: vous serez vaincu.
Le voir blanc et le surveiller: vous n'aurez plus d'ennuis.
Jouer avec un hérisson: travail difficile mais bien payé.

Hibou: Le voir: mauvaise nouvelle.
L'attraper: joie.

Hippocampe («cheval de mer»): Le voir ou l'attraper: grand bonheur.

Hirondelle: Les voir voler: signe de pluie et de grand vent.
Les attraper: grande joie.
La tuer: perte et grande misère.
La chasser du nid: mauvaise nouvelle.

Histoire: Lire une histoire: grand succès dans la vie.
Raconter une histoire: vous avez des dons oratoires.
Raconter une histoire à un homme: l'avenir s'annonce bon et agréable.
Entendre quelqu'un raconter une histoire: grand honneur.
Apprendre une histoire: heureux avenir.

Hiver: Le voir: mort de quelqu'un que vous connaissez.

Homme: Le voir courir nu dans les champs: attention à ne pas être trompé.
Le voir habillé en noir: son mariage est proche.
Le tuer: malchance.
Etre caressé par une femme: désagréments pour les hommes; réussite en amour pour les femmes.
Voir un homme nu: succès dans vos amours.
Rencontrer un homme extraordinaire: honneur et succès dans vos travaux; bonheur immense pour les femmes.
Etre extraordinaire: honneur et succès.
Etre un homme bon: grande joie et satisfaction.
Ne pas pouvoir aimer un homme: tristesse.
Ne pas pouvoir l'épouser: grande misère.

Hôpital: Le voir: misère.
Etre hospitalisé: méfiez-vous des maladies.
Attraper une maladie dans un hôpital: on volera vos biens.

Horizon: Le voir: pertes et malheurs vous guettent.
Etre sur la ligne d'horizon: attention aux choses que vous n'aimez pas.

Houblon: En voir: amour et grande fidélité.
Le voir pousser: mariage heureux.
Fabriquer de la bière avec du houblon: joie et bonheur.
Le voir verdir: bonheur.

Huile: La voir ou la renverser: grande inquiétude.
Se salir avec de l'huile: gros bénéfice.
Etre complètement couvert d'huile: attention aux travaux malpropres.
Salir ses vêtements blancs avec de l'huile: grande inquiétude au sujet de votre fortune.

Huile végétale: Voir de l'huile végétale: bon succès.

La voir couler sur vos mains: grand malheur.
En vendre: avenir joyeux.

Hydravion: Le voir posé sur l'eau: grand danger pour votre pays.
Voler en hydravion: grande joie et succès.
Voir des soldats voler à bord d'un hydravion: signe de force pour votre pays.

Hydre: La voir avec de nombreuses langues: attention, le malheur vous guette.
Se disputer avec une hydre: méfiez-vous des gens malhonnêtes.

Hypocrite: Le voir ou lui parler: désagréments.
L'être: attention aux aventures.
Etre trompé par un femme hypocrite: insuccès dans la vie.

I

Idiot: L'être: vous menez votre vie intelligemment.
Faire des idioties: honte.
Se battre avec un idiot: mésentente.
Le voir nu: une longue maladie vous guette.

Ile: La voir: vous serez honoré.
Nager vers une île: de grandes joies vous attendent dans votre mariage.
Nager nu vers une île: risques d'accident au cours d'un voyage.

Imprimerie: La voir ou y travailler: mésentente.
Y voir des journaux: vous recevrez bientôt de bonnes nouvelles.
Imprimer des lettres: bonheur.

Incendie: Le voir: joie inattendue.
Voir brûler la maison: bon profit pour les pauvres.
Etre brûlé: vous subirez une grande honte.
Voir ses meubles brûler: grande perte.
Voir brûler son lit: danger inattendu.
Voir l'encadrement des fenêtres brûler: décès d'un membre de votre famille.

Incorrection: Etre incorrect avec votre conjoint: mésentente avec vos parents.
Etre incorrect avec une jolie femme: tristesse.
Etre incorrect: cherchez un nouvel emploi car vous serez renvoyé de celui-ci.

Information: Entendre des nouvelles: attention à un amour imprévisible.
Les raconter: mésentente parmi vos amis.

Injure: Etre injurié: gardez-vous des gens mal élevés.
Injurier quelqu'un: satisfaction dans la vie.

Inspecteur: Le voir: vous aurez des impôts à payer.

Introduction: La lire: grande joie.
La voir salie: attention aux mésententes.

Invité: Etre invité: grande joie et succès.
Avoir un invité dans votre maison: grande joie et succès.
Avoir un invité que vous détestez: jalousie et haine.

Ivresse: Etre ivre: perte de vos biens et déception.
Etre ivre avec du bon vin: amélioration de votre mode de vie.
Danser en état d'ivresse: bon travail.
Pleurer en état d'ivresse: désagréments.
Se battre avec un ivrogne: signe de victoire sur vos ennemis.
Voir des ivrognes: tristesse.
Voir un malade ivre: aggravation de votre état de santé.
Caresser une femme qui est ivre: misère.

J

Jalousie: Etre jaloux: grand désagrément.
Etre jaloux d'un être que vous aimez: méfiez-vous des malheurs.

Jambon: Le voir: mauvaise nouvelle.
Le manger: vous vous débarrasserez d'un travail difficile.
Le couper: vous allez recevoir des visites indésirables.
L'offrir à quelqu'un: grande perte.

Jardin: Le voir plein de fleurs: grande joie et vous rencontrerez l'être que vous aimez.
Arracher les mauvaises herbes du jardin: travail difficile mais bien rémunéré.
Voir un beau jardin: grand succès.
Y voir de beaux légumes: succès dans votre famille.
Y voir des femmes travailler: amour trompeur pour les hommes; haine pour les femmes.
Cueillir de belles fleurs: vous rencontrerez une jolie fille; si vous êtes une femme, vous rencontrerez un bel homme qui sera votre mari.
Y ramasser des légumes: grande joie.

Jardinier: Le voir: espoir et joie.
Le voir planter des légumes: insuccès dans votre travail.
Le voir vendre des fleurs: insuccès dans votre travail.

Etre jardinier: vie heureuse.

Jeter: Jeter quelque chose: inquiétude.
Lancer quelque chose à un ami: attention aux accidents.
Jeter des pierres à des femmes: honte.
Jeter des morceaux de bois à un être que vous aimez: grand amour.
Jeter une pierre à votre mère: un malheur terrible vous attend.

Jeu de dames: Y jouer: dispute inattendue avec vos amis.
Perdre la partie: tristesse.
Gagner la partie: joie.
Voir d'autres personnes y jouer: fou rire.

Jeune fille: La voir: vie difficile.
En voir une laide: désagréments.
L'embrasser: amour trompeur.
La voir nue: méfiez-vous des femmes de peu de vertu.
Faire l'amour avec une jeune fille: perte de virginité.
Embrasser une jeune fille libertine: attention aux maladies.
Voir une vieille fille: tristesse.
Lui parler de la vie: vous serez calomnié.
Recevoir une lettre d'une jeune fille: succès en amour.
La voir bien vêtue: mésaventures pour les hommes; bon avenir pour les femmes.
Voir une belle jeune fille: satisfaction dans la vie.
Attaquer une jeune fille: misère.
Etre une jeune fille et voir un homme nu: mariage prochain.

Jeune homme: Le voir assis réfléchissant: mauvais projet.
Etre un jeune homme: vie honorable.
Le voir se promener dans un jardin avec une jeune fille: tristesse pour les hommes; heureux amour pour les femmes.

Jeune mariée: La voir se marier dans une église: vie heureuse pour les femmes; tromperie en amour pour les hommes.
Voir une robe de mariée, sale et déchirée: dépenses inutiles.
La voir en robe de mariée: orgueil pour les femmes; succès en amour pour les hommes.
Lui parler: bonne entente avec votre partenaire.
La voir propre et bien lavée: amour de la propreté pour les femmes; grande joie pour les hommes.
La voir sale: méchanceté des hommes.
La voir saluer: méfiez-vous des femmes indécentes.
L'embrasser: vous n'avez pas confiance dans l'amour.
La voir bien vêtue: mésentente dans votre famille.
L'entendre chanter: vous aurez de bonnes nouvelles.
La voir pleurer: malchance pour les femmes; joie pour les hommes.
La voir jouer de la guitare: vous aurez des jours sombres.
La voir casser la guitare: ennuis imprévus.

Jeunesse: La voir s'amuser: joie et vie heureuse.
Chanter avec des jeunes: grande joie.
Voir de la jeunesse: avenir heureux.

Joie: Etre joyeux: vous aurez de mauvaises nouvelles.

Joues: Les voirs rouges: joie.
Les avoir rouges: vie agréable et bonne.
Voir une jeune fille avec des joues blanches: grande fatigue.

Jour: Voir une belle journée: grand bonheur.
Voir le jour se lever: vous finirez tristement votre vie.

Regarder le crépuscule: la fin de vos jours est proche.
Voir une journée pluvieuse: début des grandes misères et défaveurs.

Journal: Le voir ou le lire: vous devriez recommencer des études.
Le lire avec un grand intérêt: on vous considérera comme un nouveau « Pic de la Mirandole ».
Le revendre après l'avoir lu: vous donnerez du bonheur à quelqu'un d'autre.

Juge: Le voir: peur et désagréments.
Etre juge: vous allez avoir beaucoup d'ennuis.

Jupe: En voir: partager des secrets avec des femmes.
La voir rouge: vous plairez aux femmes.
La mettre: vous allez rencontrer un amoureux.
L'enlever: sensualité.

L

Laboureur: Le voir: grande joie et succès.
Le voir vêtu de blanc: abondance de blé.
Le voir avec des chevaux: beau temps, prochainement.
Le voir fatigué par le travail: visite prochaine d'invités indésirables.
L'être: grande joie.
Le voir pauvrement vêtu: grande misère.

Lac: Le voir et s'y baigner: grande joie.
Le voir plein d'eau sale: grand ennui.
Le voir plein d'eau propre: avenir heureux.
Y voir nager des oies: succès et grande joie.

Laine: L'acheter et le mettre sur la tête: attention de ne pas devenir chauve.

Lait: Le voir ou le boire: bonne santé.
Téter du lait de femme: grand amour.
Boire du lait de chèvre: méfiez-vous des maladies contagieuses.
Se laver avec du lait: beauté pour les femmes; mauvaise orientation dans votre travail pour les hommes.

Laitier: Le voir: vie difficile.
Le voir faire du beurre: grande joie.

Lampe: La voir brûler: amélioration de votre vie.
L'acheter: changement de vie.

La voir éclairant mal: aggravation de votre état de santé.

Langage: Devenir muet: changement dans votre vie.
Parler une langue étrangère: vous apprendrez bientôt une langue étrangère.
Parler avec plusieurs personnes: grande joie et bonheur.
Entendre parler une langue étrangère: méfiez-vous de ne pas être exploité par des étrangers.
Parler un langage correct et pratique: heureux avenir.

Langue: La voir: méfiez-vous des ennuis que peuvent vous créer des gens malintentionnés.
Tirer la langue: méfiez-vous des humiliations.
Montrer sa langue à un médecin: vous allez bientôt tomber malade.
Voir la langue d'un être aimé: ennuis dans votre travail.

Lanterne: La voir: diminution des revenus.
La voir brûler: succès.

Lapin: Le voir: laisser-aller physique.
En manger: grande joie.
Voir des lapereaux: joie inouïe.

Lavage: Voir du savon: vous aimez la propreté.
Vous laver avec du savon: grande joie.
Voir d'autres personnes se laver: travail propre et utile.
Faire des bulles de savon: fierté.
Faire la lessive: grande dispute.
Se laver les mains: un travail pénible s'achève.
Laver quelque chose: amour de la propreté.
Laver le plancher: grande surprise.
Laver un verre: vie exemplaire.
Laver du linge sale: fin de tous vos ennuis.
Laver de la lingerie féminine: attention aux femmes légères.

Laver (se) : Avec de l'eau propre: joie immense.
Avec de l'eau sale: maladie soudaine.
Avec du lait: beauté pour les femmes; honte pour les hommes.
Laver un bébé: mariage prochain pour les célibataires; naissance pour les couples mariés.
Vouloir se laver sans succès: attention aux maladies contagieuses.
Ne pouvoir nettoyer un visage sali: maladie grave.

Lécher: Lécher quelqu'un: heureux avenir.
Lécher du sucre: bon appétit.
Lécher du miel: bon succès.
Si l'être aimé lèche vos lèvres: joie en amour.

Lecture: Lire des livres: grands succès dans vos études.
Lire une lettre: vous recevrez bientôt une bonne nouvelle.
Lire des livres scientifiques: bonne culture.
Lire des romans: vanité.
Lire des lettres d'amour: méfiez-vous des racontars.

Lettre: Ecrire une lettre à l'être cher: surprise.
Ecrire une lettre à son mari: tranquillité.
Ecrire une lettre: vous aurez des ennuis familiaux.
Recevoir une lettre: succès dans la vie et en amour.
Recevoir une lettre décachetée: vous serez déchu.
Recevoir une lettre d'une jeune fille et la déchirer: honte.
Recevoir une lettre de votre patron: grand succès dans votre travail.
Recevoir une lettre de vos parents: grande joie.

Lèvres: Les voir épaisses: surveillez vos biens afin de ne pas en être délesté.

Ne pouvoir desserrer les lèvres: maladie soudaine.
Les avoir blessées: vous serez battu.

Librairie: La voir ou y faire un achat: vous mettrez vos idées en pratique.

Liens: Voir un homme attaché: risque de difficultés.
Se détacher: joie et vous atteindrez votre but.
Voir plusieurs personnes ligotées: risque de démêlés avec le service des impôts.

Lièvre: En manger: disgrâce.
Le voir sur l'herbe: succès dans vos entreprises.
Jouer avec un lièvre: mauvais projets.
L'attraper: mariage heureux.
Le voir courir: votre bonheur risque de vous échapper.

Lilas: Le voir: grande joie en famille.
Le sentir: grand succès pour les hommes; mariage ou naissance pour les femmes.

Linge de maison: Dormir dans des draps blancs: bonheur et succès.

Lion: Le voir: vous allez rencontrer des hommes célèbres.
Etre attaqué par un lion: méfiez-vous de votre patron.
Le vaincre: vous allez vous débarrasser de vos ennemis.
Le voir endormi: bon succès dans votre travail.
Etre assis sur un lion: vous serez honoré.

Liqueur: En transvaser d'un récipient dans un autre: dépenses inutiles.
S'enivrer avec de la liqueur: tristesse.
La renverser: ruine.
L'offrir: vie heureuse.

Lis: Les voir pousser dans un jardin: vie plaisante.
Les sentir: vous achèterez un vêtement nouveau.
Les planter: travail honorable.
Etre décoré avec des lis: bonne nouvelle par lettre.

Lit: Le voir: repos pour les jeunes gens; joie pour les personnes âgées.
Le voir cassé: malchance en amour pour les jeunes gens; tristesse pour les personnes âgées.
Y voir une femme laide: ennuis.

Livres: En lire: tristesse.
Les brûler: déshonneur.
Les voir brûler: vous allez obtenir un emploi qui vous plaira.
Apprendre dans les livres: grande joie et honneur.
Les jeter: désespoir.
Les déchirer: vous recevrez de mauvaises nouvelles.

Loup: Le voir: attention, des personnes essaient de vous berner.
Jouer avec un loup: méfiez-vous des personnes méchantes.
Etre attaqué par un loup: ennemis inattendus.
Le vaincre: on ne parviendra pas à vous nuire.

Lumière: La voir: tous vos projets réussiront.
La voir s'éteindre: insuccès dans vos études.

Lune: La voir briller: vous recevrez bientôt un cadeau.
La voir assombrie: méfiez-vous de votre patron.
La voir rouge: malentendu.
La voir grise: grands soucis.
La voir tomber: vous recevrez un grand choc.

Lunettes: Les voir: dédain des riches.
En porter: affaiblissement nerveux.
Voir une femme portant des lunettes qui vou
regarde: méfiez-vous des attaques féminines.

Magasin: Le voir ou y faire un achat: concurrence dans les affaires.
Y travailler: risque de tromperies.
En être le gérant: travail agréable et bien rémunéré.

Magie: En faire: bon succès et honneur.
Voir d'autres personnes en faire: tristesse et peur.
Voir des soldats faisant de la magie: risque de mésententes.

Main: La voir ou la caresser: grand succès en affaires.
La voir blanche: paresse.
En voir plusieurs: tristesse.
Frapper avec la main: grand amour.
Voir une personne sans mains: attention de ne pas perdre la raison.
Les avoir très fortes: endurance.
Perdre la main droite: vous perdrez votre père.
Perdre la main gauche: vous perdrez votre mère.

Maison: Y faire entrer un inconnu: attention aux tromperies.
Y faire entrer une belle jeune fille: mariage pour les hommes; avenir heureux pour les femmes.
Y faire entrer plusieurs jeunes filles: attaques féminines si vous n'y prenez pas garde.

La voir ou y habiter: vous aurez bientôt votre maison.
La voir chaude et claire: grande joie.
La voir brûler: attention à ce que vos biens ne soient pas détruits par des personnes méchantes.
Monter sur le toit de la maison: vous aurez une surprise.

Maison d'été: La voir ou y être: amélioration de votre vie.
La construire: grande joie.
Y habiter avec toute votre famille: bonheur immense.

Maîtresse de maison: La voir: économie.
Lui baiser la main: mépris pour les hommes déshonneur pour les femmes.
Manger les mets qu'elle a préparés: vous aure une vie heureuse.

Maladie: Voir un malade: aggravation de votre état de santé ou diminution de votre salaire.
Etre malade: déception.
Rendre visite à un malade: amélioration de votre vie.
Le soigner: vous ferez un travail bienfaisant.
Le voir très affaibli: vos affaires vont péricliter
Affaiblissement de votre état de santé: surveillez votre état de santé.
Voir s'affaiblir l'état de santé d'une jeune fille tristesse.
Voir s'affaiblir l'état de santé d'un homme vous vous débarrasserez de vos ennemis.
Se sentir faible: risque d'attaque cardiaque.
Avoir une faiblesse cardiaque: allez rapidement voir un médecin.

Manches: Les voir longues et sales: ingéniosité et habileté.
Les voir déchirées: négligence.

Manquer: Quelque chose: pauvreté et difficultés.
De nourriture: vie difficile et désagréable.

Maquillage: Rougir des joues de femmes: attention que l'on dévoile vos secrets.

Marbre: Casser une plaque de marbre: malchance en amour.
Voir du marbre propre: joie.
Voir une table en marbre cassée: vous aurez un accident.

Marchandise: La voir: méfiez-vous d'un travail inutile.
La vendre: grande joie.
L'acheter: satisfaction.

Mare: La voir avec de l'eau propre: succès.
La voir sale: maladie.
Tomber dans une mare: maladie grave.
Patauger dans une mare sans pouvoir en sortir: méfiez-vous des personnes méchantes.

Marécage: Le voir: avenir pénible.
Se salir en tombant dans un marécage très boueux: grande misère.

Mariage: Le voir: grand succès et joie.
Voir un grand mariage: grand succès.
Voir des jeunes mariés l'un près de l'autre: tristesse.
Se marier ou assister à un mariage: grande joie pour les célibataires; ennuis multiples pour les couples mariés.
Epouser une bigote: vous risquez de disparaître pour toujours.
Eviter un mariage: bonheur pour les hommes; malheur pour les femmes.

Marmite: La voir: vous serez bientôt invité à une soirée.
Manger dans la marmite: vous allez avoir des difficultés.

L'acheter: bonne vie.
La vendre: vous ne trouverez aucune consolation auprès de votre famille.

Marteau: Le voir ou s'en servir: travail difficile mais bien rémunéré.

Martinet: En voir un beau: grande joie.
L'offrir en cadeau à un petit enfant: tristesse.
Le recevoir en cadeau: vous recevrez un beau cadeau.
S'en servir pour fouetter quelqu'un: vous vaincrez vos ennemis.
S'en servir: méfiez-vous d'un langage incorrect.

Martyr: Etre martyrisé: vous vous libérerez de travaux difficiles.

Mathématiques: Les enseigner: grand succès.
Les étudier: vous allez avoir des problèmes.
Les enseigner à une jeune fille: misère.
Répondre aux questions du professeur de mathématiques: tristesse.

Maudit: Maudire quelqu'un: vous allez vous disputer.

Etre maudit: prenez garde aux vagabonds.

Mauvaises herbes: Les arracher: malentendus dans la famille.
Se couper ou se piquer avec des mauvaises herbes: méfiez-vous des mauvaises langues.

Médecin: Le voir ou lui parler: maladie grave mais brève.
L'être: grand respect.
Soigner des blessures: vous vous débarrasserez de vos ennuis.
Soigner des animaux: bon succès pour les fermiers.
Soigner un chien blessé: vous vous abaisserez devant votre ennemi.

Médicament: En prendre: amélioration de l'état de santé des malades; jours joyeux pour les autres.
Etre malade et prendre des médicaments: succès dans le commerce.
Voir des médicaments empoisonnés: craignez les attaques ennemies.
Les absorber et ne pas guérir: maladie grave.

Mendiant: Le voir: un malheur dans votre maison.
Le voir bien vêtu: amélioration dans votre vie.
Le voir habillé de blanc: votre travail deviendra plus facile.
Le voir à cheval: craignez des vols dans votre maison.
Le voir chanter: votre vie deviendra difficile.
Battre un mendiant: craignez la misère.
Le voir entrer dans votre maison: vous aurez des désappointements.
L'être: vous allez avoir toutes sortes de malheurs.

Mensonge: Etre menteur: vous dévoilerez des secrets.
Entendre des mensonges: méfiez-vous des mensonges.
Mentir à sa femme: vous aurez une vie heureuse.
Mentir à son mari: mépris.
Mentir à ses parents: vous vous leurrez vous-même.
Mentir à l'être aimé: bon succès en amour.

Menuisier: Le voir travailler: bonne et heureuse vie.
L'être: travail difficile et rémunérateur.

Mépris: Etre méprisé: insatisfaction dans la vie.
Mépriser: attention à ne pas vous trouver dans une situation difficile.
Mépriser une jeune fille: malentendu.

Mer: La voir calme: grande joie pour les parents.
Y voir une tempête: vie mouvementée.

Voir son eau limpide et transparente: réalisation de vos projets.
Etre roulé par les vagues et entraîné au large: grande peur.
Nager dans la mer: succès dans votre vie.
Y nager dans des eaux troubles: vie difficile, misère.
Voir un paquebot sur la mer: bonne nouvelle.
Etre en mer sur un bateau: long et gai voyage.
Voir ou mesurer sa profondeur: grand succès.

Mère: La voir: bon augure.
La voir pleurer: vie difficile et désagréable.
La voir malade: mauvaise nouvelle.
L'embrasser: vous êtes très attaché à votre mère.
La voir mourir: destruction de vos plans.
La voir morte et vêtue de blanc: vous apprendrez une bonne nouvelle.
Le devenir: grande joie.

Messe: Voir un prêtre célébrer la messe: grande joie.
Célébrer la messe: malheur.
Entendre jouer de l'orgue pendant la messe: vie heureuse et joyeuse.
Voir un prêtre soulever le calice: vous serez un bon catholique pratiquant.
Entendre la messe: grande joie.

Miel: Le voir ou le manger: bonne santé et succès dans la vie.
Le vendre: heureux avenir.
Chercher du miel: être heureux de sa vie.

Mine: Creuser la terre pour y trouver du minerai: vous aurez un travail difficile mais utile.

Miracle: En voir: grande sottise.
Faire des miracles: maladie mentale.
Nier les miracles: vous ferez une invention très intelligente.

Miroir: L'acheter: grande joie.
S'y regarder: succès dans la vie.
Voir une jeune fille s'y regarder: bon succès en voyage.
Le voir brisé: insuccès dans votre mariage.
Y voir le visage d'une vieille femme: maladie.

Moineaux: Les voir: risque de commérages.

Mollets: Les voir nus: vous serez une victime.
Voir les mollets nus d'une femme ou les toucher: grande honte.
Les voir blessés: l'insuccès vous rendra malheureux.
Les voir ronds et beaux: voyage heureux.
Les voir déformés: attention aux femmes indécentes.
En voir de noirs: gardez-vous des femmes méchantes, vous risquez d'attraper une maladie.

Monastère: Le voir: amour et croyance.
Y voir des moines: joie.
Parler avec un moine: tristesse.

Monstre: Le voir avec plusieurs têtes: attention à ne pas être mordu par un animal.
Le voir la gueule ouverte: méfiez-vous des gens méchants.

Montagne: La voir ou marcher dans la montagne: vous ferez un voyage difficile dans un pays lointain.
Escalader une montagne: obstacles dangereux.
Voir une montagne verdoyante: ennuis avec votre famille ou vos amis.
Ne pas parvenir à escalader une montagne: insuccès dans vos travaux.
Tomber d'une montagne: mauvaise affaire pour les commerçants.

Monter: Monter quelque part: bon succès.

Montre: La voir: ne gaspillez pas votre temps.
Consulter sa montre et donner l'heure: voyage prochain.
Avoir une montre en or et la casser: méfiez-vous d'une mésaventure.

Mort: En rêver: santé et vie heureuse.
Voir mourir une femme laide et vieille: voyage joyeux.
Voir mourir un homme: grandes difficultés.
Voir mourir une de vos connaissances: vie heureuse.
Voir votre sœur morte: perte.
Voir votre femme morte et pleurer: misère.
Voir votre mère morte: grande peine.
Voir votre fille morte: malchance dans votre vie.

Mouches: Les attraper: travail inutile.
Les voir voler: vous serez victime d'une injustice.
Etre piqué par des mouches: vous serez défavorisé.
Les chasser de la maison: vous ferez un travail propre.

Moulin à vent: Le voir: richesse.
Voir tourner ses ailes: mélange.
Aller vers le moulin: voyage long et difficile.
Le posséder: amélioration de votre vie.

Moustaches: Les voir blanches: modestie.
La porter: orgueil.
Les avoir noires: tristesse.

Moutarde: La voir: travail difficile mais très utile.
La vendre: mécontentement dans votre travail.
En manger: bon profit pour les médecins; insuccès pour les autres.
En offrir: mésentente.

Mouton: Voir un loup attaquer les moutons dans la bergerie: attention aux voleurs.
Abattre un mouton: méfiez-vous de ne pas être mêlé à un procès criminel.
Le mener dans un pâturage: tristesse.
Laisser un mouton dans un troupeau de brebis: grande joie.
Le voir paître: rétrogression dans votre situation.
Le voir blanc et gras: satisfaction et espérance.
En voir plusieurs: vous surpasserez vos amis dans votre travail et deviendrez riche.
Le porter sur vos épaules: légitime orgueil.
L'entendre bêler: des nouvelles de vos proches vous apprendront un grand malheur.
En trouver un perdu sur une route: bon mari pour les femmes; bonne épouse pour les hommes.

Muet: Le voir: vous allez rencontrer une amitié solide et vraie.
L'être: maladie soudaine.
Le voir danser avec une jeune fille: grande joie.
Se battre avec un muet: méfiez-vous d'un ami trop mystérieux.

Musicien: Voir jouer des musiciens: mariage prochain pour les femmes; heureux succès en amour pour les hommes.
S'amuser avec des musiciens: malheur et perte de richesse.
L'être: grande joie et succès dans la vie.
Les chasser de la maison: grande tristessee ou perte d'un être aimé.

Musique: L'entendre: vie joyeuse.
Jouer d'un instrument de musique: grand amour.
Voir des instruments de musique: grande joie et pour les malades, prompt rétablissement.

N

Nain: Le voir ou lui parler: mécontentement dans votre vie.
Danser avec un nain: si vous allez danser vous n'aurez pas de succès.
Voir une naine: nausées.

Naissance: Voir naître un bébé: bonheur pour un être que vous aimez.
Donner le jour à un enfant: maladie douloureuse mais heureuse.
Voir un nouveau-né: mésentente dans votre famille.
Langer un nouveau-né: maladie ou mésaventure.
Naître à nouveau pour un malade: meilleure santé.
Naître à nouveau pour un homme pauvre: succès dans la vie.
Voir un bébé à sa naissance: bonheur dans la famille pour les femmes; maladie grave et inattendue pour les hommes.

Natation: Nager dans de l'eau sale: grande misère.
Nager dans de l'eau propre: succès dans votre travail.
Nager sans pouvoir sortir de l'eau: bientôt vous aurez des ennuis.
Nager et se noyer: ou vous ne pourrez pas vous débarrasser de travaux difficiles ou vous allez avoir une vie difficile.

Nager en compagnie d'une jolie femme: bonheur inouï.
Nager en compagnie d'une femme laide: attention aux accidents.

Navet: Les manger: vous ne serez pas payé pour le travail accompli.
Les arracher: travail difficile et désagréable.
Les semer: vos efforts seront vains.
Les offrir à quelqu'un que vous aimez: infidélité.
Les voir rouges: grand succès dans vos entreprises.
En voir beaucoup dans le jardin: joie.

Négociation: Traiter des affaires avec autrui: l'avenir s'annonce meilleur pour vous.
Cesser de traiter une affaire: vie heureuse.
Arrêter des négociations en cours: vie heureuse

Neige: La voir tomber: bon profit si vous êtes commerçant.
Marcher dans la neige: grande joie.
Se rouler dans la neige: voyage long et utile.

Nez: Le gratter avec les doigts: honte.
Le voir enflé: attention à ne pas vous faire casser le nez.
Le voir grand et long: augmentation de vos richesses.
L'avoir blessé: vous serez calomnié.
L'avoir bouché: surprise.
Le couper: méfiance.
L'avoir recourbé: on se moque de vous.

Nid: Le remettre dans l'arbre: joie et succès.
Le descendre de l'arbre: grande mésentente.
Le voir: vous vous marierez bientôt.
Y voir de petits oiseaux: annonce d'une prochaine naissance pour les couples mariés.

Noël: Le célébrer: grand bonheur et succès dans la vie.
Préparer les mets de Noël ou les manger: grande joie.
Etre ivre pendant les fêtes de Noël: accident inattendu et honte.
Boire à la santé d'autrui à Noël: heureux avenir.

Nœud: Le faire: misère.
Faire beaucoup de nœuds: problèmes.
Ne pas pouvoir les défaire: tristesse.

Noix: Les voir ou les manger: mésentente dans votre famille.

Nom: Changer de nom: tristesse et désagréments.
Donner un surnom: désagréments et travail inutile.
Voir une femme changer de nom: injustice et honte.

Nombril: Etre blessé au nombril: attention aux maladies vénériennes.
Y ressentir une douleur: attention à ne pas être blessé au ventre.
L'avoir en bonne santé: grande joie.

Notaire: (Voir acte notarié).

Nourriture: Bien se nourrir: vous allez commencer un travail bon et utile.
Manger de la viande: bientôt un procès.
Manger du poisson: méfiez-vous de ne pas tomber malade.
Manger des cerises: désagréments.

Noyade: Vouloir se noyer et ne pas y arriver: misère et difficultés.
Voir autrui se noyer: attention à ne pas être impliqué dans un procès.

Se noyer: malheur inattendu.
Se noyer dans la boue: mort difficile.
Voir une jeune fille se noyer: vous perdrez prochainement l'objet de votre amour.

Nuages: Les voir noirs: désaccord à la maison.
Les voir rouges: tempête.
Les voir blancs: grande joie et succès.
Les voir jaunes: insuccès dans votre travail.

Nuit: Se promener la nuit dans les champs: attention à un accident.
Faire du cheval la nuit:grande joie au cours d'un voyage.
Allumer un feu de camp la nuit: heureux avenir.
Voir des jeunes gens marcher la nuit: grande joie.

Nuque: La voir épaisse: amélioration dans votre vie.
La voir maigre: vous aurez toutes sortes d'aventures.
Avoir une nuque épaisse: richesse.
Voir une vieille femme avec une grande nuque: attention à la misère.

Obèse: Voir ou parler avec un homme obèse: méfiez-vous des gens qui vivent comme des parasites.
Voir une femme obèse et la serrer contre soi: attention aux relations sexuelles qui pourraient avoir des conséquences.
L'être: vie longue et agréable.

Obscurité: Lire dans l'obscurité: vous devriez reprendre des études.
Se trouver dans l'obscurité: maladie grave.

Obstination: Etre obstiné: attention à votre santé.
Voir plusieurs personnes obstinées: grande joie.
Voir une jeune fille obstinée: succès dans votre vie.
Voir un jeune enfant obstiné: heureux avenir.

Oeufs: Les voir ou les vendre: vous allez apprendre un bon métier.
Les voir rouges: dévouement dans votre travail.
Les voir jaunes: vous obtiendrez un bon emploi.
Les voir cassés: ennuis.
Mettre une poule à couver: bonne nouvelle.
Lancer des œufs à quelqu'un: grand succès.
Voir des enfants jouer avec des œufs: joies et succès.

Offrande: Offrir des marchandises: vous aurez des ennuis avec vos clients.

Offrir ses services: attention aux calomnies.

Oignons: Les voir: grande mésentente avec vos proches.
Les sentir: découverte d'un secret.
Les manger avec de la viande: gros ennuis.
Les voir avec leurs fanes: vous serez humilié.
Les voir pousser: avenir malheureux.

Oiseaux: Les voir: grande joie et plaisir.
Les voir voler: votre bonheur sera de courte durée.
Les voir revenir des pays chauds: bonheur et succès.
Voir des oiseaux de proie: méfiez-vous des gens méchants. Si des oiseaux volent près de vous en vous demandant à manger: risques de dettes fortuites.
Leur donner à manger: vous serez bientôt débarrassé de vos prêteurs.
Le tuer: méfiez-vous des mésaventures.

Oncle: Le voir ou lui parler: grand profit.
L'être: grande joie.
Le voir crier: mauvais présages pour vos proches
En avoir plusieurs: grande joie.

Ongles: Les voir coupés: propreté.
Se couper les ongles: grande joie.
Les voir arrachés: misère.
Voir des ongles de femme vernis en rouge: honte pour les femmes; colère pour les hommes.
Si vous avez mal aux ongles en dormant: risque de mort subite.

Opération: La voir: décès prochain d'un être que vous aimez.
Voir opérer une femme enceinte: maladie pour les couples mariés; mariage prochain pour les célibataires.
Etre opéré: vous allez perdre votre santé et votre fortune.

Opérette: L'entendre: invitation prochaine à une soirée

Etre accompagné d'une jeune fille pour aller l'écouter: grand changement dans votre vie.

Or: Voir briller ou posséder de l'or: présage d'un avenir heureux. Posséder de la vaisselle en or ou en argent: grande fortune.
Voler de l'or: grande mésentente.
Acheter, sans le savoir, de l'or faux: grande perte dans le commerce et l'industrie.
Le voir: grande joie.
Se parer de bijoux en or: gaieté et honneur.

Oranges: Les voir: courte maladie.
Les vendre: grande joie.
Les acheter: pertes imprévisibles.

Orchestre: Le voir jouer: grande joie.
Le voir jouer des mélodies tristes: décès d'un de vos proches.

Ordres: Donner des ordres: vous allez avoir une bonne situation et une vie heureuse.
Recevoir des ordres: misère et fatigue.
Recevoir des ordres d'un être que vous aimez: bon travail.
Recevoir des ordres d'un prêtre: méfiez-vous de ne pas être dans une situation ridicule.

Oreiller: Le voir ou être couché sur un oreiller: négligence.
Le voir déchiré: misère.
Le voir neuf: grande joie.

Oreilles: Etre sourd: soucis dans la famille.
Les nettoyer: vous apprendrez une grande nouvelle.
Les avoir longues: un de vos amis rencontrera le bonheur.
Les avoir courtes: attendez-vous à être trompé.
Porter des boucles d'oreilles en or: richesse.
Tirer l'oreille: tristesse.
Etre tiré par les oreilles: succès.

Orgueil: Rencontrer une personne orgueilleuse: toutes sortes de malheurs vous attendent.
Etre orgueilleux: bêtise.
Rencontrer un ami orgueilleux: méfiez-vous de lui et ne lui dites pas vos secrets car il peut vous faire du mal.

Orgues: Les voir ou en jouer: grande joie et succès.
Y jouer des airs religieux: grand honneur.
Y jouer des mélodies tristes: vous apprendrez la mort de quelqu'un.
Les acheter: joie et richesse.

Ortie: Les voir pousser: faux espoir.
Les voir fleurir: grand succès en amour.
Etre fouetté avec des orties: méfiez-vous de vos amis pour ne pas contracter de maladies.
Embrasser des orties: gros ennuis.

Os: Voir des ossements humains: craignez des événements inattendus.
Voir des ossements d'animaux: grand dérangement dans vos entreprises.
Les ramasser et les vendre: vous allez vous occuper d'un commerce.
Les voir blanchis: vous aurez de l'aide dans vos entreprises.
Voir un squelette: mort subite.
Voir des ossements d'enfant: maladie grave.

Ours: Le voir jouer: pour ne pas en subir les conséquences, méfiez-vous des gens méchants.
Essayer vainement de l'attraper: insuccès dans votre travail.
Jouer avec un ours: occupation malhonnête.

P

Paille: La voir en bottes: vous allez recevoir un cadeau surprise.
En acheter: mauvaise année.

Pain: Le manger: grande joie.
Le cuire: bon succès.
Le porter: perte de vos biens.
Ne pas avoir de pain: vous allez perdre votre emploi.
Voir de nombreuses personnes souffrir de la faim: mauvaise année.
Le manger moisi: vie dure et déplaisante.
Le faire sécher: dans quelques années vous aurez une vie difficile.

Paix: Faire la paix avec vos ennemis: méfiez-vous des désagréments.
Voir signer la paix: tromperie.

Palais: Le voir ou le construire: grand succès.
Le visiter: satisfaction.
Y vivre: bon et heureux avenir.
Le voir s'écrouler: insuccès.
Le voir rouge: grande joie.
Regarder dans l'eau et y voir un palais: méfiez-vous d'une mort subite.

Pâle: Voir ou parler avec un homme pâle: misère ou risque d'évanouissement.
L'être: méfiez-vous des maladies contagieuses.
Voir une femme pâle: grande peur.

Palmier: Le voir: grande joie.
Voir une palmeraie: bon augure.

Paon: Le voir: bon mari pour les femmes; fiancé pour les hommes.
Le voir faire la roue: craignez une épouse ou un mari orgueilleux.
L'entendre brailler: vous prendrez belle épouse ou beau mari, derrière cette beauté se cachent des épines.
Se parer des plumes du paon: vous allez finalement trouver votre bonheur.

Pape: Le voir en effigie: grande joie.
Lui parler: vous aurez beaucoup de belles choses.
Le voir célébrer la messe: vie heureuse.

Papier: Le voir blanc: vous allez écrire une lettre
S'en servir pour écrire à un être aimé: joie.
Voir fabriquer du papier: vous emploierez bien votre temps.

Papillon: Le voir blanc: vous ferez connaissance avec une personne honnête que vous aimerez.
En attraper un rouge: bon succès en amour.
Le laisser s'envoler: craignez la misère.
Les voir voler: grand succès dans la vie.
Les attraper: vous allez recevoir une lettre importante.
Les voir voler dans la maison: travail difficile et sans fin.
Les tuer: tristesse.

Paradis: Le voir: vous aurez bientôt une meilleure vie.
Y être: vous aurez du succès dans la vie.
En être chassé: craignez la misère.

Parapluie: Le voir: protégez-vous contre des personnes nuisibles.
S'abriter sous un parapluie pendant qu'il pleut:

amélioration du temps.
Se promener avec un parapluie cassé: désordre et perte.
S'en servir pour battre quelqu'un: vous serez attaqué.
En voir un blanc: grande joie et heureuse vie.
Se trouver avec une jeune fille sous un parapluie: joie.
Rester debout près d'une femme, sous un parapluie: ennuis.

Parents: Les voir: grand succès de votre vie.
Discuter avec eux de votre vie: vous vaincrez vos ennemis.
Les voir morts: vous allez recevoir une bonne nouvelle.
Les battre: insuccès dans votre vie.
L'être: diminution de votre famille.
Voir accoucher sa mère: grande joie en famille.

Paresseux: L'être: méfiez-vous d'une vie difficile et misérable.

Parfum: Le sentir: bon et heureux avenir.
Se parfumer: bonheur éternel.

Parti: Etre membre d'un parti: heureux avenir.
Détruire le parti: vous allez perdre votre honneur.
Abandonner le parti: honneur.
Etre chassé du parti: déshonneur.

Passer: Voir passer quelqu'un: vous allez bientôt avoir des ennuis.
Voir passer un prêtre: vous ferez des dépenses inutiles.
Passer devant l'être aimé sans lui parler: tristesse.

Patiner: Patiner: succès dans vos travaux.
Voir patiner: perte de temps.

Voir patiner une belle femme: amour impré visible et innocent.
Voir patiner une femme vieille et laide: insuc cès dans la vie.
Voir patiner un homme grand et beau: grand joie pour les femmes; avenir heureux pour le hommes.

Paysan: Le voir ou lui parler: abondance de nourriture
L'entendre chanter: nouvelle bonne et joyeuse.
Le voir conduire de beaux chevaux: richesse.
L'être: grande joie et succès dans la vie.

Peau: Voir celle d'une homme: vous aurez bientô une maladie de la peau.
Voir un médecin arracher la peau: craignez les maladies vénériennes et risques de mort.
Etre boutonneux: grande douleur.
Acheter des peaux d'animaux: insuccès.

Pêche: Voir une canne à pêche ou s'en servir: tron perie.
Voir des enfants pêcher: mésaventures.
Attraper du poisson: bon gain.
Manger du poisson: succès.

Péché: Commettre un péché: attention à ne pas tom ber dans un piège tendu par de mauvaises fem mes.
Commettre un péché avec une jeune femme grande honte.
Voir les autres commettre des péchés: méfiez vous des femmes légères.

Peinture: Peindre le visage d'une jeune fille: grand honte.
Peindre: vous ferez un travail non rémunéré.
Faire son propre portrait: vie heureuse et lon gue.
Se peindre la tête: longue vie heureuse.
Peindre un tableau: joie et profit.

Faire le portrait de quelqu'un: bonnes affaires.
Poser pour un portraitiste: risques de maladies.
Etre peintre: chance en amour pour les femmes; honte pour les hommes.

Pelle: Pelleter: travail difficile mais bien payé.
S'en servir pour creuser une fosse: vie misérable.
L'acheter neuve: début de vos ennuis.

Pellicules: En avoir: grands soucis.
Les faire disparaître de votre chevelure: mauvaise nouvelle.
En avoir beaucoup: grande misère.

Pendu: Voir des potences: méfiez-vous d'amis qui peuvent vous mener à la misère.
Dépendre un pendu: vous ferez un bon travail.
Etre pendu: défaveur.
Vouloir se pendre avec une corde: honte.
Battre un pendu: vous serez offensé.
Voir pendre quelqu'un de célèbre: craignez des personnes méchantes.
Se pendre: vous serez bientôt dans la misère.
Etre pendu: méfiez-vous de personnes méchantes qui peuvent vous nuire.
Voir un pendu: risque de malchance.

Père: Le voir travailler sans lui venir en aide: vous serez victime de quelque chose.
Le voir ou lui parler: grand honneur.
Le voir mort: vous allez recevoir des nouvelles.
Le chasser de votre maison: grand malheur.

Perles: Les voir ou les toucher: vous aurez des soucis.
Les voir tomber: vous subirez des pertes.
En acheter: richesse et joie.
En vendre: vous pleurerez à cause de vos biens.
Voir voler des perles et ne pouvoir l'empêcher: misère.
Voir une femme porter des perles: orgueil.

Perroquet: L'entendre crier: méfiez-vous des commères.
Lui parler: craignez les personnes qui aiment se moquer des autres.
L'acheter et l'apporter dans votre maison: une nouvelle amitié vous causera beaucoup d'ennuis.
Le vendre: vous allez vous débarrasser d'amis néfastes.

Perruque: Voir des perruquiers: mésentente entre femmes.
Porter une perruque: maladie du cheveu.

Petit: Etre un petit enfant: vous serez honoré.
Voir une petite fille: vous aurez des difficultés dans la vie.

Petit déjeuner: Le manger: perte imprévisible.
Le manger sans appétit: attention à ne pas trop manger pour ne pas tomber malade.

Petits pois: Les arracher: joie.
Les manger: mauvaise nouvelle.

Peur: Avoir peur: événement inattendu.
Avoir peur d'une jeune fille: vous allez avoir des nouvelles.
Avoir peur de quelqu'un: vous serez calomnié.

Pharmacie: La voir: maladie proche et courte.
Y acheter des médicaments: santé pour les malades; maladie grave pour les autres.
Absorber des médicaments: tristesse.

Phoque: Le voir: succès dans vos travaux.

Piano: Le voir: bon avenir.
Entendre jouer du piano: grande joie après beaucoup de difficultés.
Jouer du piano: travail inutile.
Voir une belle jeune fille en jouer: orgueil pour les femmes.

Pic: Le voir de toutes les couleurs: vous allez être invité en très joyeuse compagnie.
Le voir voler: vous allez recevoir une lettre d'un pays lointain.
Le voir frapper avec son bec l'écorce d'un arbre: mauvaise nouvelle.
Voir des pics se battre ensemble: vos amis vont se battre ensemble.
Le voir haut perché sur un arbre: le facteur vous apportera de bonnes nouvelles.
L'attraper: joie.
Le vendre tristesse.

Piège: Tomber dans un piège: risque de tromperie.
S'échapper d'un piège: grande joie.
Le voir ou le poser pour attraper des animaux: méfiez-vous des accidents.
Voir un animal pris au piège: vous allez attraper un voleur.
Voir un piège posé: attention à ne pas avoir affaire à des escrocs.
Eviter un piège: grande joie pour les femmes; liberté pour les hommes.

Pierre (caillou): En voir: grand serrement de cœur.
La jeter à quelqu'un: méfiez-vous des mauvaises langues afin de ne pas en souffrir plus tard.
En jeter une noire: votre demande sera refusée.
En jeter une blanche: votre demande sera acceptée.

Pigeon: Le voir: bon et utile voyage.
Le voir voler au-dessus de votre maison: vous allez recevoir une lettre d'un être aimé.
L'attraper: richesse.
Le vendre: ruine.
Les entendre roucouler: vous aurez un bon travail qui va vous enrichir.
Attraper des pigeons qui ne vous appartiennent pas: méfiez-vous de ne pas être mêlé à une affaire de vol.

Les voir s'embrasser: grand amour.
En voir des sauvages: la société sera fière de vos travaux.
En voir des rouges: grande joie.
En voir des blancs et jouer avec eux: bonheur et bon succès.
Les voir perchés sur le toit d'une maison: mariage rapide pour les célibataires; naissance pour les couples mariés.

Pinces: Les voir ou les utiliser: méfiez-vous des gens méchants.
Pincer queelqu'un: fin de votre misère.

Pipe: La voir: vie difficile.
La casser dans un mouvement de colère: vous allez être victime de quelque chose.
L'acheter neuve: perte prochaine.
La fumer: affaiblissement de votre état de santé.
Voir une femme fumer la pipe: malentendu en famille.

Piscine: La voir ou s'y baigner: malchance dans la vie.
Se baigner dans une piscine sale: misère et maladie contagieuse.
Prendre un bain de boue: mort dans votre entourage.
Se baigner dans de l'eau froide: guérison pour les malades; propreté pour les autres.
Se baigner dans de l'eau chaude: meilleure santé pour les malades; maladie pour les autres.
Y voir des femmes nues: curiosité pour les hommes.
Y voir des hommes nus: joie pour les femmes.
S'y baigner et ne pas parvenir à en sortir: attention de ne pas retomber dans la misère.

Plaine: La voir ou la traverser: vous allez bientôt faire un voyage.

Voir des arbres y pousser: bon succès en amour.
La traverser en compagnie d'une jeune fille: changement de vie.

Plainte: Vous plaindre: vous allez rencontrer un homme qui va vous aider dans votre vie.
Se plaindre à sa femme des difficultés de la vie: craignez les disputes.
Etre une femme et se plaindre d'un homme: vous allez rencontrer un homme bon.
Déposer une plainte auprès des tribunaux: bon augure pour les hommes; absurdité pour les femmes.

Pleurs: Pleurer sur soi-même: joie à venir.
Voir pleurer une femme à cause de vous: malentendus.
Voir plusieurs femmes pleurer: mécontentement féminin.

Plomb: Le voir ou le faire fondre: en raison de votre ignorance, il vous faudra travailler très dur.
En porter: travail dur et mal rémunéré.

Pluie: La voir: gros bénéfice.
Etre mouillé par la pluie: succès dans votre travail.
Voir pleuvoir au cours d'un orage: mécontentement dans la vie.

Plumes: En voir des noires: mauvais coup du sort.
Les voir blanches: grand succès dans la vie.
Etre décoré de plumes: grand honneur et amélioration de votre vie.
Les recevoir en cadeau: tristesse.
Recevoir une plume de paon: vous aurez une promotion.

Poêle à frire: La voir ou y faire frire quelque chose: bientôt, toutes sortes d'ennuis.

Manger à même la poêle à frire: vous recevrez la visite de quelqu'un de très bien.

Poèmes: En écrire: grand chagrin.
Voir d'autres personnes en écrire: grande joie.
En réciter: vous deviendrez célèbre.

Poisson: (Voir pêche).

Poisson d'avril: Se faire attraper: vous serez brillant dans vos travaux.
Attraper quelqu'un: grande joie, tous les succès sont permis.

Poitrine: La voir dénudée: bonne santé.
La voir blessée: grave maladie pour les personnes âgées; bagarre pour les personnes jeunes.
Avoir la poitrine transpercée: peine d'amour.

Poivre: Le voir ou le manger: dispute très désagréable.
Le renverser: perte.

Police: Voir un poste de police: ennuis et bagarre.
Etre au poste de police et ne pouvoir en sortir: misère et injustice.
Etre battu par des policiers: craignez les vengeances féminines.
Etre policier: vie difficile et malheureuse.
Etre arrêté par la police: méfiez-vous des femmes.
Etre policier et arrêter quelqu'un: attention à vos activités politiques.
Voir des policiers à cheval: tristesse.

Pommes: Les cueillir: avenir heureux.
En cueillir de vertes: découragement.
En manger de pourries: tristesse.
En manger de délicieuses: grand succès.
Boire du vin de pommes: mésentente dans la famille.

En manger d'acides: désagréments.
Les recevoir en cadeau: grande joie.

Pommes de terre: Les déterrer: insuccès dans vos travaux.
Les manger ou les éplucher: vous apprendrez une mauvaise nouvelle.
Les ensacher: heureux résultats dans les travaux de la ferme.
Les vendre: perte d'argent.
Les cultiver: amélioration dans les travaux de la ferme.
Les acheter: perte.
Les faire cuire: réalisation de voeux.
Les voir pourrir: perte imprévisible.

Pont: Le voir ou le construire: vous ferez un travail extraordinaire.
Le voir avec un trou: méfiez-vous des accidents.
Traverser un pont neuf: grande joie.
Marcher sur un pont et tomber sans pouvoir se relever: insuccès.
Tomber d'un pont dans la rivière: vous allez vous blesser.

Porte: La voir grande ouverte: tristesse.

Portrait: Le voir ou le dessiner: vie longue et heureuse.
Faire le portrait d'un inconnu: vous allez recevoir de l'argent.
Voir le portrait d'une femme laide: maladie pénible et désagréable.
Voir le portrait d'un homme: heureux mariage.

Postérieur: Voir son postérieur: vie longue et heureuse.
Recevoir une fessée: vous aurez un accident.

Pot de fleurs: En voir: grande joie et abondance.
En voir de vieux: malchance.
Offrir des fleurs en pot: vie heureuse.

Poteau: Le voir en ciment: orgueil.
Le voir tombé: mort.
Voir des hommes attachés au poteau d'exécution pour y être fusillés: soyez prudent.

Pou: Le voir sauter: vous obtiendrez de l'argent mais difficilement.
Les attraper: attention aux pickpockets.
Le voir mordre: vous retrouverez de l'argent perdu.
En voir danser plusieurs: vous serez invité à une soirée dansante.
Le tuer: vous perdrez de l'argent.
En attraper un gros: enrichissement.
En voir: vous allez bientôt recevoir de l'argent.
En avoir dans les cheveux: joie et bon succès dans la vie.

Poulain: En voir un beau: bon succès dans la vie.
L'acheter et l'élever: vous aurez un travail bien rémunéré.
Jouer avec un poulain: vous rirez beaucoup.

Poule: La voir pondre: augmentation de vos richesses.
L'entendre chanter: tristesse.
La voir avec des poussins: naissance pour les gens mariés; mariage pour les célibataires.

Poumons: Les avoir malades: vous aurez une grande difficulté.
Les voir pourris: maladie grave et inattendue.

Poupée: La voir ou la porter: insuccès pour les femmes gaieté pour les hommes.
La voir vivante: grande joie.
La tuer: tristesse.

Poursuite: Poursuivre quelqu'un: risque d'ennuis.
Etre poursuivi: attention de ne pas être victime d'une injustice.
Voir une femme poursuivie: attention que l'être cher ne se venge pas.

Voir poursuivre une femme laide et vieille: méfiez-vous des mauvaises langues.

Pousser: Pousser quelqu'un: travail machinal.
Pousser vos amis: ennuis.

Prédiction: En faire: inquiétude injustifiée.
Prédire une bonne récolte aux fermiers: grande joie.

Prélat: Le voir ou lui parler: méfiez-vous des mauvais conseils.
Jouer aux cartes avec un prélat: mésentente dans votre famille.
L'entendre faire un sermon: grande joie.

Prêtre: Le voir: grands désagréments.
Le voir chanter: bonne et utile nouvelle.
Lui parler: perte.
L'être: avenir honorable.
Le chasser de votre maison: vous négligez votre religion.
Le voir prier: grande tromperie.
Le voir parler avec une femme: apaisement.

Prière: Faire une prière: heureux succès.
Prier avec des jeunes filles: heureux mariage.
Prier Dieu: regret d'avoir blessé vos amis.
Voir quelqu'un prier: bon succès.

Prince: Le voir: méfiez-vous des exploiteurs.
Le voir dans un carrosse: vous allez faire un voyage agréable.
Accompagner un prince: grande joie et bon succès.

Prison: Y être: vous écarterez un danger.
La voir: tristesse.
En sortir: grande misère.
Voir des prisonniers devant le tribunal: vous allez être accusé.

Entendre chanter des prisonniers: vous aure de bonnes nouvelles du tribunal.
Voir un prisonnier mort: vous allez vous de barrasser de toutes vos difficultés.
Entendre des prisonniers chanter des cant ques: vie joyeuse dans votre famille.

Procès: Y être l'accusé: vous gagnerez le procès.
Y être injustement accusé: vous serez acquitté
Voir un accusé traîné dans la rue: vous sub rez un échec.
Voir quelqu'un de condamné: méfiez-vous d la lâcheté.

Procession: La voir: vous assisterez à un bal surprise.
Marcher avec la procession: grande joie.
Y voir beaucoup de religieux: il y aura de manifestations.

Professeur: Le voir: essayez de finir vos travaux.
Répondre aux questions du professeur: inte ligence et bon succès.
L'être: avenir heureux.
Etre lié d'amitié avec un professeur: joie.

Profit: Avoir un profit: soyez économe.
Faire un profit malhonnête: grande perte e fatigue.

Promenade: Dans un jardin: surprise agréable.
Faire une promenade avec une jeune fille: vou allez être amoureux.
Faire une promenade avec un bel homme joie.
Faire une promenade avec une femme laide misère et douleur.
Faire une promenade avec un homme laic tristesse.

Promotion: Avoir une promotion: vains efforts.
Donner une promotion à une femme: ennu par les femmes.

Prophète: Le voir ou lui parler: grande pauvreté.
L'être: vous agirez intelligemment.
Parler des prophètes: vous aurez un grand succès dans le monde.
Ne pas les comprendre: vous devriez refaire des études pour être plus cultivé.

Prostituée: La voir ou lui parler: maladie grave.
L'embrasser: méfiez-vous des maladies contagieuses.
S'amuser avec une prostituée: attention aux accidents.

Prune: Les voir: vie malheureuse.
Les manger: tristesse.
Les vendre: richesse.
Les acheter: perte.
Voir un prunier en fleur: vie heureuse.

Puits: Le voir ou y puiser de l'eau: vous serez toujours riche.
Le voir plein d'eau limpide: richesse.
Se baigner dans un puits: maladie grave.
Y voir de l'eau croupie: malchance dans votre vie.
Y tomber: vous allez passer un moment difficile.
Y voir un animal mort par noyade: attention de ne pas perdre vos biens.

Punaises: En voir: grande peur et tristesse.
Etre attaqué et mordu par des punaises: méfiez-vous des personnes indécentes.

Punition: En donner: craignez que vos mauvaises pensées ne vous conduisent à une vie difficile.
Vous repentir: grande et imprévisible misère.
Etre puni: on abusera de vous.
Punir: bon succès dans vos travaux.

Pyramide: La voir: vous allez devenir riche.
Monter au sommet d'une pyramide: vous vou débarrasserez de la misère et deviendrez rich

R

Rachat: Racheter: vous serez déçu par la vie.
Racheter quelque chose à une vieille fille: attention de ne pas être obligé de l'épouser.
Racheter quelque chose à une femme laide: méfiez-vous des maladies contagieuses.

Racine: En ramasser et les mettre dans un sac: vous ferez des économies.
Voir les racines d'un arbre: malentendu.
Les ramasser et les manger: mauvaise année.

Radis: Les manger: vous menez une vie exemplaire.
Les offrir à un être aimé: bon succès.

Raisins: Les voir ou les manger: grande joie.
En manger des rouges: ennuis.
En manger des blancs: vie difficile.
En faire du vin: grande joie.

Rajeunissement: Etre vieux et rajeunir: santé bonne et durable.

Ramassage: Ramasser des pommes de terre: richesse.
Ramasser des branches dans les bois: pauvreté.

Rangement: Ranger sa chambre: assiduité.
Faire des rangements dans le jardin: grande joie et succès.
Voir ranger: admiration.
Voir une jeune fille ranger: joie et bonheur.

Rasoir: Le voir ou l'acheter: attention de ne pas vous blesser.
Voir se raser: méfiez-vous des mauvais amis.

Rat: Le voir: méfiez-vous d'une ruse.

Récipient métallique: L'écraser: perte.
Y faire bouillir quelque chose: grande joie.
En voir des rouges: enrichissement soudain.

Réconfort: Réconforter quelqu'un: bonté du cœur.
Etre réconforté: quelqu'un vous aidera.
Réconforter une jeune fille: grande joie.

Religieuse: La voir: méfiez-vous d'une tromperie.
Faire l'amour avec une religieuse: désespoir et ennuis.
Lui parler: mauvaise nouvelle.
L'épouser: bonne et heureuse vie.
Se disputer avec une religieuse: méfiez-vous des ennuis.

Religion: Parler contre la religion: n'entreprenez pas un travail que vous ne pourrez pas achever.
Changer de religion: vous serez atteint de maladie mentale.
Devenir incroyant: vous aurez toutes sortes d'ennuis.
Discuter de religion: travail inutile et perte.

Remerciement: Remercier: grande joie.
Remercier un ami: vous aurez de la reconnaissance pour un bon conseil reçu.
Remercier vos parents: vie heureuse.
Remercier pour une invitation à dîner: vous allez perdre votre fortune.
Refuser de remercier: vous serez obligé de remercier.
Etre reconnaissant: vie heureuse.

Renard: Le voir: amour trompeur.
Le voir emporter des poules: vous serez trompé par l'être cher.
L'attraper: vous serez en désaccord avec votre femme.
L'avoir près de soi: vous serez amoureux d'une femme légère.
Le tuer: vous vous débarrasserez de vos ennuis.
En voir plusieurs: méfiez-vous des femmes légères.
Porter un col de renard: enrichissement.
L'attraper dans les bois: grand succès.

Rendez-vous: Avoir rendez-vous avec un ami: vous recevrez des nouvelles concernant l'amélioration de votre vie.
Donner un rendez-vous à une jeune fille: grande joie.

Repos: Prendre du repos: vie misérable ou des ennuis avec les femmes.
Travailler après s'être reposé: grand succès dans vos travaux.
Se reposer en attendant des amis: méfiez-vous de vos amis afin de ne pas avoir de contrariétés.

Restaurant: Le voir ou y être: gaspillage d'argent.
Y voir de belles jeunes filles: méfiez-vous afin de ne pas avoir d'ennuis.

Résurrection: Voir le Christ ressusciter: grande joie.
Ressusciter des morts: vous allez vous tirer d'un piège.

Révolte: La voir: querelle et mésentente.
Fomenter une révolte dans une usine: perte.

Revolver: Posséder un revolver: vous vous disputerez avec vos amis.
S'en servir pour tirer sur quelqu'un: débarrassez-vous de vos projets malhonnêtes.

Retourner l'arme contre soi et tirer: attention lorsque vous maniez des armes.

Riche: L'être: craignez les escrocs.
S'enrichir malhonnêtement: grand insuccès.
Posséder de grands biens: grande joie.
Vouloir posséder une grande richesse: attention de ne pas perdre ce que vous possédez.
Rencontrer un riche personnage: changement de gouvernement.
Se battre avec un homme riche: vous vous débarrasserez de travaux difficiles.
Boire en compagnie d'un homme riche: vie désastreuse.
Voir se vêtir un homme riche: grande perte.
Rencontrer plusieurs personnes très riches: humiliation.

Rideau: Coudre un rideau de scène: travail facile et bien rémunéré.
Le voir déchiré: détérioration de vos affaires.
Le chercher: perte.

Rire: Rire: insuccès.
Avoir un fou rire: ennuis.
Rire avec une jeune fille: malheur inattendu.
Rire en compagnie d'un homme: grande joie.
Rire avec une femme laide: malheur.

Rivière: La voir ou la traverser en bateau: vie heureuse.
Voir une rivière tumultueuse: attention, danger.
Y voir de l'eau sale: craignez les accidents.
Y voir de l'eau limpide: joie.

Rosée: Voir ou marcher dans la rosée: joie.
La voir tomber sur vos pieds nus: bonne santé et longue vie.
La voir tomber: vous allez recevoir un beau cadeau.

Roses: Les voir fleurir: grande joie.

Les voir fanées: vous aurez une attaque cardiaque.
Les arracher et les jeter: travail malhonnête.

Roues: Les voir ou les acheter: vous allez recommencer une nouvelle vie.
Voir cassées celles de votre voiture: grande perte.

Rougissement: Rougir: désagréments.

Route: La voir large et belle: succès dans votre travail.
Voir ou circuler sur une mauvaise route: vie difficile et malheureuse.

Ruban: Le voir ou le posséder: grand bonheur.
Le voir sali: vie malheureuse.
Etre enrubanné par une femme belle: vous ne pourrez pas être séparé de l'être aimé.
Etre enrubanné par un homme: votre amour est vrai et vous rencontrerez votre futur mari.
Etre enrubanné par une femme laide: méfiez-vous des mauvaises femmes.
Etre entouré d'un ruban de soie: avenir heureux.
Etre entouré d'un ruban d'or: grand honneur pour les hommes: bon mari pour les femmes.
Etre entouré d'un ruban rouge: joie.
Le voir ou s'en parer: joie profonde.
Le voir coupé: perte de virginité.
Entourer la tête d'une jeune fille d'un ruban: grand respect.
Salir un ruban blanc: risque de prostitution pour les femmes; heureuses fiançailles pour les hommes.
Mettre un ruban rouge dans les cheveux: grande joie.
Voir plusieurs petites filles avec des rubans: avenir heureux.

Les vendre: bons profits.
Les acheter: grandes pertes.

Ruches: Les voir pleines d'abeilles mortes: grand chagrin.
Les voir vides: malheur inattendu.
Les voir avec des abeilles: grande joie.

Ruines: Les voir: vous pourrez désunir un couple au risque d'événements malheureux.
S'y promener: travail difficile et malheureux.
Les voir brûler: malheurs.
Voir reconstruire sur des ruines: essayez de recommencer votre vie.
Voir plusieurs hommes travailler dans des ruines: joie.

Sable: Voir une étendue de sable: travail mal rémunéré.
Creuser dans le sable: perte.
Y planter des fruits: vie difficile.

Sacs: En voir des sales et vides: misère.
En porter des pleins et lourds: pauvreté.
Les coudre: grande joie.
Les vendre: attention, risque de perte.

Sage-femme: La voir auprès d'une femme en couches: douleur pour les femmes; naissance d'un enfant pour les hommes.
Avoir une conversation avec une sage-femme: grande joie.

Saint: Le voir ou lui parler: vous subirez bien des difficultés avant d'avoir une vie heureuse.
L'être: ne soyez pas orgueilleux.
Les voir chanter: mésentente dans votre famille.

Saintes-Ecritures: (Voir Bible).

Salade: En manger: grand souci.
La manger avec de la viande: ennuis.

Sale: Voir une personne sale: soignez votre propreté.
Marcher dans la saleté: grande misère.

Voir une femme négligée: méfiez-vous des mauvaises langues.

Salive: L'avaler: attention que l'on n'essaie pas de vous enivrer.
La cracher: vous aurez beaucoup d'ennuis.

Salut: Saluer votre famille: avenir heureux.
Saluer des étrangers: attention de ne pas rencontrer des personnes peu recommandables.
Etre salué: méfiez-vous de ne pas vous faire voler.

Sanctuaire: Le construire: bon succès.
Aller y prier: grande joie.

Sang: Le voir: vous aurez une grande douleur.
Voir quelqu'un couvert de sang: maladie de cœur.
Voir quelqu'un porter du sang dans un récipient: méfiez-vous des bagarres.
Voir le sang s'écouler de votre corps: détérioration de votre santé.
Voir du sang couler de votre nez: méfiez-vous de la misère.
Voir du sang couler: décès d'un de vos proches.
Voir du sang séché: affaiblissement de votre corps.

Sangsue: La voir dans l'eau: attention aux femmes légères.
La voir suçant du sang: attention aux exploiteurs.
La voir sucer votre sang: craignez les mauvaises langues.
La voir enfermée dans une bouteille: vous aurez bientôt, à votre merci, un de vos ennemis qui vous a longtemps nargué.

Sapin: Le voir vert: l'hiver sera beau et doux.

Voir un arbre de Noël: bonheur familial.
Voir un arbre de Noël entièrement décoré: naissance prochaine.
Les voir grands et verts dans les bois: joie et amour.
Les offrir en cadeau de Noël: bon succès dans la vie.
Les recevoir en cadeau: grande joie.
Voir un camion les transporter: vous serez heureux en amour.
Les transporter: vous allez vous marier.
Les voir reverdir: grande joie et bon succès.
Les brûler: grand bonheur.
Se couvrir de ses branches: orgueil.
S'en servir pour battre quelqu'un: votre mort est proche.

Saucisses: Les voir: vous aurez une discussion d'argent.
Les voir souillées: attention aux ennuis.
Les manger: jalousie.
Les vendre: vous deviendrez riche.
Les acheter: perte de vos biens.

Sauterelles: Les voir: courte joie.

Savant: Le voir ou lui parler: grande joie.
Se disputer avec un savant: insuccès dans votre travail.
Le chasser de votre maison: vous allez être offensé.
Le voir dans une école: honneur.

Savon: (Voir lavage).

Scarabée: Le voir: prenez soin de vos vêtements.
L'attraper: débarrassez-vous d'un piège qui vous était tendu.
En voir un beau: bon succès.

Scie: La voir: vie difficile et malheureuse.
S'en servir pour couper des arbres: travail difficile et désagréable.

Seau: Le voir ou s'en servir pour prendre de l'eau: grand succès dans votre travail.
En avoir un vieux et essayer de puiser de l'eau sans y parvenir: tromperie.
Le voir rempli de détritus: ennuis.

Séduction: Séduire: vengeance.
Etre séduit par une femme: vous allez recevoir une lettre d'amour.
Etre séduit: tristesse.
Séduire une jeune fille: grande joie.
Séduire un homme: un homme vous résistera.

Seins: En voir des poilus: richesse et bon succès dans la vie.
En voir des blessés: amour fidèle pour les célibataires; maladie inattendue pour les couples mariés.
Voir une femme allaiter son enfant au sein: honte pour les célibataires; accouchement prochain pour les femmes mariées.

Sel: Le voir propre et blanc: intelligence.
Saler de la viande: douleur et pleurs.
Si l'on vous met du sel sur le corps: attention aux procès ennuyeux.
En manger: vous apprendrez une mauvaise nouvelle.
En verser dans la bouche de quelqu'un: vous vaincrez tous vos ennemis.

Selle: Etre assis sur une selle: vous allez recevoir un cadeau.
Monter à cheval avec une jolie selle: grande réussite dans votre travail.
Monter à cheval avec une selle déchirée: perte de vos biens.

Semence: L'acheter: fatigue.
La semer: vie utile.

Séminaire: Le voir ou y être: vous ferez toutes sortes d'affaires que vous ne pourrez pas achever.
Le voir brûler: attention aux accidents imprévisibles.
Voir des séminaristes: grande joie et succès.

Serment: Prêter serment: vous aurez un poids sur la conscience.
Voir quelqu'un prêter serment: injustice et malchance.

Serpent: Le voir: mauvais augure.
Essayer de l'attraper: perte dans votre travail.
L'attraper et le tuer: vous vaincrez vos ennemis.
Se faire mordre par un serpent: méfiez-vous des vengeances féminines qui pourraient vous conduire à la misère.
Voir un serpent sous vos pieds: vous serez victorieux d'hommes de mauvaise foi.
Le voir dans votre lit: craignez les femmes légères si vous êtes un homme; attention aux hommes impudiques si vous êtes une femme.
Voir un serpent langue tirée: vous serez dénoncé par un de vos proches.
Etre mordu par un serpent: craignez des femmes qui veulent vous nuire.

Servante: La voir: mauvais augure.
Renvoyer une mauvaise servante: augmentation de vos richesses.
Renvoyer une bonne servante: perte.
Voir leurs vêtements: désavantage.
La voir enceinte: très grand bonheur.
La voir près d'une fenêtre: maladie grave et incurable.
La croiser sur le chemin: insuccès.
L'embrasser: méfiez-vous des maladies vénériennes.
Embrasser une servante brune: grande misère et disgrâce.

Embrasser une servente blonde: grand succès en amour.
L'engager: mauvaise fréquentation.
Etre engagée comme servante: vous débuterez difficilement dans la vie.
Engager une jeune fille: épouse pour les célibataires; naissance pour les couples mariés.
Engager une femme vieille et laide: grand malheur.

Serveur (garçon de café): Le voir: attention aux personnes mauvaises qui pourraient vous nuire.
L'être: misère et humiliation.

Serviette: La voir salie: désordre.
S'essuyer avec une serviette propre: grand succès.
La voir pleine de sang: grand danger.

Sifflet: Le voir ou le posséder: vous allez perdre votre emploi.
S'en servir pour siffler: vos ennuis vont revenir.

Signature: Signer un chèque: malheur.
Falsifier une signature: vous serez puni.

Signes particuliers: En avoir sur le corps: attention aux accidents.
Voir une jeune fille avec des signes particuliers: joie.

Silhouette: Voir celle d'une femme: attention à la colère.
Voir celle d'une femme nue: grand succès en amour.
Voir celle d'un homme: heureux avenir pour les femmes.
Regarder celle d'un homme nu: grande joie pour les femmes.

Singe: Le voir: vous aurez toutes sortes d'ennemis.

Etre attaqué par un singe: méfiez-vous des femmes libertines.
Le voir danser sous un arbre: attention, vos ennemis vont passer à l'attaque.
Jouer avec un singe: méfiez-vous des mauvaises relations.
Porter un singe sur votre dos: vous risquez d'être mené par une femme.

Sirop: Le fabriquer: maladie grave.
Le faire boire à quelqu'un: grand succès.

Sirop d'érable: Le faire couler de l'arbre: heureux avenir.
Le boire: vous aurez une bonne santé.

Soie: La rouler: grande joie et bon succès.
En voir de la noire: mort de quelqu'un que vous connaissez.
En voir de la blanche: bon succès en amour.
En voir de toutes les couleurs: vous aurez une très belle année.

Soif: Avoir soif et ne pouvoir l'apaiser: vos amis vous décevront.
Voir des personnes ayant soif et leur donner à boire: bonté.
Avoir soif et boire: grande joie et bon succès.

Soir: Le voir: votre mort approche.
Voir de la lumière le soir: joie et succès.

Soldat: Le voir ou l'être: vie difficile.
Voir un officier donner des ordres aux soldats: inquiétude et misère.
Voir des soldats se battre pour leur pays: grande joie.
L'être et se déplacer sans cesse: attendez-vous à un changement.
Etre couché dans une tranchée: attention aux dangers.

L'être et être blessé: vous allez être malade.
Discuter d'affaires militaires avec des soldats: gros gains.

Soleil: Le voir briller: grande joie et tranquillité.
Le voir monter dans le ciel: vous allez recevoir de l'aide.
Le voir se coucher: fin de tous vos ennuis.
Le voir rouge: vous aurez toutes sortes de difficultés.
Le voir briller au-dessus de votre tête: l'été est proche.

Somnoler: Somnoler à son travail: méfiez-vous des accidents.
Somnoler près d'une jeune fille: vous ne rencontrerez jamais une femme que vous garderez toute votre vie.

Souche: L'arracher: travail difficile mais utile.
En arracher plusieurs: vous acquerrez votre fortune en travaillant très fort.

Souci: Avoir des soucis: réalisation de vos rêves.
Avoir du souci pour quelqu'un: vous ferez un travail bon et utile.
Se soucier des affaires de votre conjoint: bonté de cœur.

Souffrance: Souffrir: grande joie et bonheur.
Souffrir par sa faute: insuccès.

Soulever: Soulever quelqu'un: attention de ne pas avoir de hernie.
Etre soulevé dans les airs: mariage proche.

Souliers: Les voir ou les avoir neufs: grand succès.
Les perdre: vous allez perdre vos biens.
Les réparer: vous êtes économe.
Les chausser: succès dans vos entreprises.

Souper: Le manger: grand succès.
Le manger et ne pas pouvoir le terminer: vous aurez une excellente santé.

Soupir: Le pousser: tristesse.
Soupirer dans votre lit: vie dure et sans espoir.
Vouloir soupirer mais ne pas y parvenir: vous aurez le cœur brisé.
Soupirer et respirer: maladie grave.

Source: La voir ou y boire: guérison pour les malades.
Y boire de l'eau croupie: risques de toutes sortes d'accidents.

Sourcils: Les voir noirs: grand succès en amour.
Les voir blancs: grand honneur.
Les voir longs: grand succès dans la vie.

Souris: Les voir sortir la tête des trous: quelqu'un vous battra.
Les voir prises en chasse par un chat: grandes difficultés dans la vie.
Essayer de les attraper sans y parvenir: soyez prudent.
Les entendre faire du bruit: vie difficile.

Souverain: Vouloir tuer le roi ou la reine: débarrassez-vous de vos ennemis.
Parler avec des souverains: vous recevrez de bons conseils.
Voir la reine: les hommes auront une bonne épouse et les femmes un mari dévoué.
Voir des souverains en voyage: heureux voyage.
Voir la reine vêtue de vêtements dorés: grande joie.
Etre roi: vous aurez une promotion.
Voyager avec le roi dans la même voiture: vous vous débarrasserez bientôt de vos ennuis.

Statue: La voir: agitation.
Voir celle d'une femme: admiration pour les hommes; colère pour les femmes.
Voir celle d'un petit enfant: grossesse pour les femmes; désagréments pour les hommes.
Voir celle d'une vieille femme: méfiez-vous des maladies contagieuses.

Stylo: Le voir ou s'en servir pour écrire: grand succès.
Le posséder et ne pas pouvoir s'en servir: mésaventure.
Le casser en écrivant: vous ferez un voyage difficile.
En avoir un rouillé: difficultés.

Sucre: Voir une tête en sucre: faiblesse d'esprit.
Le boire dans du thé: bonne santé.
Voir, en morceaux, une tête en sucre: votre intelligence faiblira.

Sucrerie: En manger: vous aurez des désagréments.

Suicide: Voir quelqu'un se suicider: occupez-vous de vos amis.
Empêcher quelqu'un de se suicider: bon cœur.
Se suicider: vous manquez d'instruction.

Surdité: Etre sourd: nul ne peut vous faire changer d'avis.
Voir un sourd: grande perte.
Parler à un sourd: vie difficile.
Voir et parler avec une femme laide et sourde: vous ferez un voyage malheureux.

Tabac: Le fumer: vous allez gâcher votre vie.
Le chiquer: un de vos proches va mourir.
Le vendre: richesse.
Le préparer pour le vendre: joie et bonheur.

Tabernacle: Le mettre près de votre cœur: joie immense et bonheur.
L'embrasser: croyance sincère.

Table: L'acheter: vous allez recommencer votre vie.
La voir sale: grande honte.
Recevoir à dîner: joie et fête.
La voir cassée: grand désordre.

Tableau: Le voir: heureux avenir et bonnes nouvelles.
Le photographier: agissez pour ne pas rester vieille fille ou vieux garçon.
Prier devant un tableau saint: vie heureuse et bon succès.
Voir un tableau représentant un homme: succès en amour pour les femmes; courage pour les hommes.
Voir un tableau représentant une femme laide: tristesse et grave maladie.
Voir un tableau représentant une femme belle: vous allez être trompé.

Taches: En avoir sur le corps: risque de maladie mentale.

Les nettoyer: grande joie.
Les enlever sur des vêtements: amour de la propreté.

Talon: L'avoir blessé: malchance.

Tambour: Le voir ou l'entendre battre: inquiétude immense.
Le battre: vous prendrez les autres en charge.
Le voir battre par un juif: attention à l'escroquerie.

Tante: La voir ou lui parler: mésentente dans votre famille.
Discuter avec elle de votre vie: craignez une maladie imprévisible.

Tapis: Le voir: grande joie.
Le voir tisser: vous ferez un travail inutile.
Le voir sali: tristesse.
Le voir suspendu près du lit: vous serez honoré.
Le voir sous vos pieds: grand succès et richesse.
Le voir blanc: amour de la propreté.
Le voir rouge: grand amour.
Le voir noir: tristesse très grande.

Taureau: Le voir: fortune.
Le voir blanc: vous allez devenir riche de manière inattendue.
Etre attaqué par un taureau: attention à la persécution.
Le voir noir: méfiez-vous d'un ennemi de force supérieure à la vôtre.

Télégramme: L'envoyer en pays étranger: vous allez recevoir une proposition pour une situation meilleure.
Le recevoir: vous recevrez une commande pour un travail.

Téléphone: Téléphoner: résultats concernant votre état de santé.

Parler par téléphone à une jeune fille: grande joie et amour heureux.
Brancher un téléphone: vous recevrez beaucoup de nouvelles.
Voir d'autres personnes téléphoner: méfiez-vous des désagréments.
Voir des fils téléphoniques arrachés: accident imprévisible.

Tempête: La voir: votre vie est en danger.
La voir arracher des arbres: grand malheur.
Etre renversé par une tempête: risque de malheur.
Voir une tempête de sable: attention de ne pas être entraîné dans un cercle d'amis qui vous seront nuisibles.

Temps: Le gaspiller: perte.
Manquer de temps: bonne et heureuse vie.
Avoir beaucoup de temps: paresse.
Voir le temps beau: grande joie.
Le voir couvert: tristesse et difficultés dans la vie.
Le voir lourd et gris: aggravation de votre état de santé.
Le voir frais: vie longue et agréable.

Terre: Creuser des fossés: perte de votre santé.
Voir creuser la terre: bon salaire.
Voir un prêtre creuser la terre: très prochainement, décès d'un de vos proches.

Testament: Le rédiger: honneur et tranquillité.
Le faire devant notaire: perte de vos biens.
Signer comme témoin pour un testament: attention aux malentendus.

Tête: Y avoir mal: grande inquiétude.
La voir: malheurs nombreux.
La voir séparée du corps: vie libre et heureuse.
Voir celle d'un mort: faiblesse d'esprit.
Voir une petite tête: ruine.

Voir une tête grande et blanche: grande joie.
L'avoir grande et malade: inquiétude immense
Voir une tête allongée: grande tromperie.
La voir bien coiffée: bon succès en amour.
La voir avec le crâne rasé: ruine.
L'avoir grise: honneur et richesse.
La laver: vie heureuse.
La voir avec une chevelure noire: travail pénible et inutile.
Etre roux: tromperie.
Avoir la tête tournée en arrière: méfiez-vous des mauvais amis.
La voir écrasée: travail pénible et déplaisant.
La voir en sang: mauvaise conscience.
Porter sa main à la tête et réfléchir: une grande invention vous rendra célèbre.
Voir celle d'une belle femme: bonne épouse pour les célibataires; mésentente pour les couples mariés.
Voir celle d'une femme laide: attention aux ennuis.
Voir celles de petits enfants: famille nombreuse pour les couples mariés; liaison pour les célibataires.
Voir celle d'un évêque: grand honneur pour les hommes; fierté pour les femmes.
Voir celle d'un bébé: grand bonheur pour les couples mariés; mésentente pour les célibataires.
En voir plusieurs: vie heureuse.
Les voir brûlées: attention aux risques d'incendie.

Thé: Le voir: la misère est proche.
Le boire: amélioration dans votre vie.
Cueillir des fleurs de thé: succès dans les affaires.
Etre assis sous un thé: grande joie.
L'empaqueter: bon salaire.

Théâtre: Le voir ou y être: culture.
Y voir de nombreux comédiens: méfiez-vous des désagréments.

Thermomètre: Le voir ou le posséder: quelqu'un vous peinera.
Le voir marquer 32°F.: vous allez perdre l'un de vos amis.
Lire la graduation d'un thermomètre: risque de maladie grave.

Tigre: L'attraper: vous aurez des soucis.
Le voir en colère: méfiez-vous des gens méchants.
Le tuer: vous serez mis au courant de l'hypocrisie de vos amis.
Vendre sa peau: richesse et grande joie.
Etre attaqué par un tigre: grand malheur.

Tilleul: Le voir: bonne vie.
Le ramasser: vous allez être malade.
Etre assis sous un tilleul: grande joie.

Toit: Le voir rouge: toutes sortes de malheurs vous attendent.
Monter sur un toit et se casser le bras: vous allez vous blesser.
Le couvrir: vous êtes riche.
Le voir emporté par le vent: méfiez-vous des gens jaloux.

Tonnerre: L'entendre: changement de temps.
Le voir tomber sur un arbre: vous subirez une perte.
Le voir tomber: mort d'un de vos proches.
Le voir tomber sur une maison: changement de température et de temps.
Etre foudroyé: grand malheur.
Trouver un homme foudroyé: craignez un malheur ou la mort.

Torchon: En porter: pauvreté.
Les voir vendre: mauvaise nouvelle.

Torture: Voir torturer quelqu'un: vos amis vaincront vos ennemis.
Etre torturé: méfiez-vous des voleurs.
Torturer: grande victoire.

Tour: En voir une très haute: promotion dans votre travail.
Y monter et faire un discours: grand honneur.
En descendre: misère et humiliation.
Voir une tour blanche: vie longue et joyeuse.
Voir une tour rouge: espoir solide qui vous mènera aux plus grand succès.

Toux: Tousser: maladie.
Voir tousser: maladie inattendue.

Train: Le voir passer: destruction de vos biens.
Voir une collision de trains: grand malheur.
Faire un voyage en train: vous ferez un grand voyage.
Parler avec le chef de gare: vous serez honoré.
Parler avec le contrôleur des billets: vous vous disputerez avec le contrôleur des billets.
Le voir: voyage long et agréable.
Voir un déraillement: désespoir et voyage désagréable.
Tomber d'un train en marche: insuccès dans votre travail.
Rencontrer une jeune fille dans un train: grand bonheur.

Traîneau: Le voir ou faire du traîneau: grande joie.
Voyager dans un vieux traîneau: voyage long et difficile.
Tomber de traîneau: attention aux accidents.

Travail: Commencer un nouveau travail: vous deviendrez célèbre.
Avoir des déboires en commençant un nouveau travail: avenir désagréable.

Trèfle: Le voir semer: vous aurez une bonne année.
Le voir fleurir: grande joie.
En voir du rouge: grand amour.
En voir du blanc: joie.
Le voir fané: satisfaction.

Tremble: Le voir: attention aux mauvais amis.
Le voir coupé: vous ferez un travail inutile.
S'en servir: travail mal rémunéré.

Tremblement: Trembler: attention à ne pas prendre froid.
Trembler devant votre chef: méfiez-vous des malentendus .
Trembler de peur: vous allez passer en jugement.

Trésor: Le voir: votre fortune vous donne des inquiétudes.

Tresse: En voir de longues: grande joie et fierté.
En voir de courtes: fatigue pour les femmes; perte pour les hommes.
Voir des tresses noires: vie difficile et désagréable.
Voir des tresses blondes: grande joie et vie heureuse.
Voir une petite fille avec de longues tresses: grand succès dans la vie.
Voir quelqu'un les couper: perte inattendue.

Tricoter: Tricoter: vous vous enrichirez grâce à vos bonnes idées.
Tricoter avec de la laine rouge: succès en amour.

Tristesse: Etre triste: bonne et heureuse vie:
Voir des personnes tristes: inquiétude.
Voir une jeune fille triste: misère.

Tromperie: Etre trompé: grandes pertes.
Tromper: grand malheur.
Voir des personnes qui sont trompées: ne vous laissez pas gagner par l'ennui.

Trompette: La voir: mort d'une de vos connaissances.
Sonner de la trompette: méfiez-vous des femmes.

L'entendre: joie.
Ecouter et ne pas entendre jouer de la trompette: craignez vos ennemis.

Trône: Le voir: vous avez de bonnes idées.
Y voir quelqu'un assis: fierté et honneur.
Y être assis: joie.

Trou: Voir un trou dans une porte: vous allez perdre vos amis par manque de richesse.
Le voir: craignez le malheur.
Voir des ouvriers réparer un trou: tous les dangers sont écartés.
Tomber dans un trou: la malchance vous guette.

Trouvaille: Trouver un objet: grand succès dans la vie.
Trouver un objet et le perdre: attention, vous risquez de perdre quelque chose.
Trouver un objet en or: grande joie.

Tue-mouches: Le ramasser dans les bois: fatigue.
S'empoisonner avec du tue-mouches: risque d'empoisonnement.

Uniforme: Porter l'uniforme militaire: signe de puissance.
Le salir: déshonneur.
Le vendre: faiblesse dans vos affaires.

Université: La voir ou y aller: si vous êtes célibataire, il faut vous marier; les couples mariés doivent s'occuper de leurs enfants.
Etre à l'université et y voir une jolie étudiante: avenir heureux.
Rencontre avec un professeur d'université: vie heureuse et bonne.

Usine: La posséder: richesse.
La perdre: vous perdrez bientôt vos biens.
Faire fonctionner l'usine: orgueil.
Y travailler: succès dans votre travail.
La voir avec de hautes cheminées: bon salaire.
En voir plusieurs avec des toits rouges: vous deviendrez riche.
Voir des jeunes gens danser dans l'usine: joie inattendue.

Vaccin: Vacciner: protégez-vous contre les maladies contagieuses.
Vacciner des petits enfants: attention à ne pas recevoir quelque chose sur la tête.

Vache: Les traire: bonne santé.
Boire du lait: votre corps se fortifiera.

Les voir paître: heureux et bon succès.
Voir une vache morte: vous allez subir des pertes.

Vagues: Les voir: maladie grave et vie difficile.
Etre balancé par les vagues: surprises.

Vaisselier: Le voir: mésentente dans votre famille.
Le voir beau et blanc: grande joie pour les femmes; bon succès pour les hommes.
En voir plusieurs: richesse.

Vaisselle: La voir: grande joie et bonne santé.
La voir cassée: mort d'un de vos proches.
Le voir en porcelaine: vie bonne et utile.
La fabriquer en argile: succès.

Vautour: Le voir attraper des oiseaux: risque d'attaque à main armée.
Etre attaqué par un vautour: vous risquez d'être victime d'une injustice.

Veines: Les voir: misère pour les riches; richesse pour les pauvres.
Les voir ouvertes: vous risquez d'être victime d'un mauvais coup.
Y avoir mal: travaux difficiles et inquiétude.
Avoir des varices sur les jambes ou les voir: gardez-vous des corvées pénibles qui pourraient nuire à votre santé.
Voir celles du cou: travail difficile mais bien rémunéré.

Vendeur: Le voir vendre: l'être cher vous quittera pour un autre amour.
Le voir vendre de l'alcool: tristesse et misère.

Vengeance: Se venger: découragement et honte.
Si le vengeur vous bat: perte de santé ou méfiez-vous des intrus.
Voir se venger: procès déplaisant.
Venger quelqu'un: vous vous disputerez.

Voir deux hommes se battre: mauvaises nouvelles.

Vent: L'entendre: malchance.
Etre emporté par le vent: craignez une mésaventure.
Essayer de l'attraper: maladie grave.

Vente: Vendre: bon succès.

Ventre: Le voir: vous allez vous enrichir.
Y avoir mal ou l'avoir bleu: douleurs ou bagarre.
L'avoir très gros: maladie.
Marcher avec le ventre dénudé: orgueil.
Y être blessé: maladie grave.
L'avoir sale: maladie inattendue.

Ver: Le voir ou l'attraper: n'ayez aucune confiance dans vos compagnons de travail.
Jouer avec un ver: vie dangereuse.
Le manger: vos amis seront indignés.

Verge: S'en servir pour battre une femme: changement de vie.
En voir une verte: vous serez en mauvais termes avec vos voisins.

Verger: Y voir des arbres avec des fruits: succès en amour pour les célibataires; naissance pour les couples mariés.
Y ramasser des fruits: bon succès.

Verre: Le voir ou le casser: vous apprendrez une mauvaise nouvelle.
Boire de l'eau dans un verre propre: mariage pour les célibataires; grande soirée pour les couples mariés.
Boire un verre rempli de bière: bonne vie.

Verrue: En avoir sur les mains: vous découvrirez bientôt des secrets.

L'avoir sur le nez: grande honte.

Vêtement: Porter un vêtement étroit: maladie grave et déplaisante.
Porter un veston de laine: changement de vie.
Etre vêtu de blanc: mariage prochain.
Se vêtir de vêtements élégants et beaux: bonheur et grand succès.
Etre élégamment vêtu et vouloir faire des rencontres: craignez les ennuis.
Porter une chemise blanche: grande jubilation.
Porter une chemise sale: vous aurez des mésententes.
Voir ou porter un bel habit: orgueil et amélioration de votre vie.
Se vêtir pour assister à une soirée: grande joie.
S'habiller avec des vêtements neufs: vous vous libérerez de la misère.
Porter des vêtements brillants: vous commencez une vie heureuse.
Les voir: grande joie.
Les voir sales: mépris.
Les voir déchirés: humiliation.
Les voir blancs: innocence.
Les voir noirs: tristesse.
Les voir rouges: grand amour.

Veuve: La voir ou lui parler: avenir assuré.
L'épouser: richesse.
L'aimer: joie.
Avoir des enfants avec une veuve: grand honneur.
Voir une jeune veuve: grande joie et vous vous débarrasserez de la misère.
L'abandonner: tristesse et misère.

Viande: La voir saignante: misère et procès désagréable.
La faire bouillir: vos désirs seront satisfaits.
Manger de la viande avariée: accidents et aventures.

Manger de la viande de porc: vous allez vous enrichir.
La couper avec une hache: vous aurez un procès.
La couper sur une table avec un couteau: on vous fera un procès criminel.

Victoire: Voir le vainqueur: heureuse vie.
Convaincre votre femme: grande joie.

Vieillard: Le voir ou lui parler: grand honneur.
Le voir avec une barbe blanche: vie longue et heureuse.
L'être: grand malheur.

Ville: La voir: richesse.
La voir brûler: grande perte.
Y voir un port: voyage heureux.
La voir sale: vous irez dans un pays aux terres incultes.
La voir propre et belle: vos souhaits se réaliseront.
Y boire de l'alcool: vous aurez de mauvaises nouvelles.
Y être arrêté par la police: bon succès dans votre travail.

Vin: L'acheter: bon et heureux avenir.
Le boire: bonne santé et joie.
Le renverser: attention, risque d'hémorragie nasale.

Vinaigre: Le voir ou le boire: mésentente familiale.
En voir du blanc: méfiez-vous d'un accident.
En voir du rouge: haine.
En voir du mauvais: maladie grave.

Violettes: Les voir ou les vendre: bonnes affaires.
Offrir un bouquet de violettes: tristesse.
Les planter: grande joie.
Les arracher et les jeter: tristesse et misère.

Violon: L'entendre: tristesse.
En jouer: inquiétude.
Le vendre: perte de votre fortune.

Visite: Recevoir une visite: travail imprévu.
Rendre visite: ruine.
Recevoir, dans la maison, celle d'un curé: malheur.
Recevoir la visite d'un médecin: bonheur dans votre foyer.
Recevoir la visite d'un mendiant: ruine prochaine.

Vivant: Etre sous l'eau ou entrer sous terre: méfiez-vous, mort prochaine.
Etre vivant avec un nez pourri: craignez les maladies contagieuses.
Voir un corps dans un état de décomposition avancée: ayez soin d'un de vos amis qui risque d'être gravement malade.

Vœux: Offrir ses vœux: grand succès dans votre travail.
En recevoir: grande joie.
Recevoir beaucoup de cartes de vœux: belle vie et avenir heureux.

Voisin: Le voir ou lui parler: mésentente.
Se disputer avec son voisin: grande joie et bonne entente.
Voir un groupe de voisins rire et boire de la bière: bonne année.
Les voir tristes: vie difficile.

Voiture d'enfant: La voir: inquiétude.
Y voir un bébé: satisfaction dans la vie.
Voir une femme la pousser: grande joie.
L'acheter: maladie.

Vol: Etre volé: perte d'amis intimes.
Voler: vous rencontrerez de nouveaux amis.

Voir un voleur entrer par la fenêtre: craignez les amitiés mauvaises qui pourraient vous faire souffrir.
Détrousser les troncs des églises: Dieu vous punira.

Volets: Les voir ou les fermer: vengeance.
Les voir ornés de ferrures: insuccès en amour.

Voleur: Le voir voler: tristesse.

Vomissement: Vomir à la suite d'une indigestion: mésentente.
Etre malade et vomir: amélioration de l'état de santé pour les malades.
Vomir: perte pour les personnes riches.

Vorace: Voir un animal vorace: succès pour les fermiers.
Voir un homme manger avec voracité: vous risquez de gaspiller vos biens.
Voir une jeune fille manger avec voracité: misère.

Voyageurs: Les voir marcher: vous aurez de mauvaises nouvelles.
Les voir fatigués: misère.
Leur donner à manger: grand honneur.
Faire un voyage avec d'autres voyageurs: vous aurez beaucoup de difficultés.
Voir de nombreux voyageurs: mésentente.
Boire de l'alcool en compagnie d'autres voyageurs: mésentente.

Yeux: Voir de beaux yeux: amour heureux.
Voir des yeux bleus: signe de chance.
Voir des yeux noirs: craignez la ruse et la misère.
Voir des yeux qui louchent: vous serez victime d'injustices.
Voir des yeux atteints de myopie: méfiez-vous des faux amis.

Ouvrages parus chez les éditeurs du groupe Sogides

* Pour l'Amérique du Nord seulement

LES ÉDITIONS DE L'HOMME

AFFAIRES

* **Acheter une franchise,** Levasseur, Pierre
* **Bourse, La,** Brown, Mark
* **Comprendre le marketing,** Levasseur, Pierre
* **Devenir exportateur,** Levasseur, Pierre
Étiquette des affaires, L', Jankovic, Elena
* **Faire son testament soi-même,** Poirier, Me Gérald et Lescault-Nadeau, Martine
Finances, Les, Hutzler, Laurie H.
Gérer ses ressources humaines, Levasseur, Pierre
Gestionnaire, Le, Colwell, Marian
Informatique, L', Cone, E. Paul
* **Lancer son entreprise,** Levasseur, Pierre
Leadership, Le, Cribbin, James
Meeting, Le, Holland, Gary
Mémo, Le, Reinold, Cheryl
* **Ouvrir et gérer un commerce de détail,** Roberge, C.-D. et Charbonneau, A.
Patron, Le, Reinold, Cheryl
* **Stratégies de placements,** Nadeau, Nicole

ANIMAUX

Art du dressage, L', Chartier, Gilles
Cheval, Le, Leblanc, Michel
Chien dans votre vie, Le, Margolis, M. et Swan, C.
Éducation du chien de 0 à 6 mois, L', DeBuyser, Dr Colette et Dehasse, Dr Joël
* **Encyclopédie des oiseaux,** Godfrey, W. Earl
Guide de l'oiseau de compagnie, Le, Dr R. Dean Axelson
Guide des oiseaux, Le, T.1, Stokes, W. Donald
Guide des oiseaux, Le, T.2, Stokes, W. Donald et Stokes, Q. Lilian
* **Mon chat, le soigner, le guérir,** D'Orangeville, Christian
Observations sur les mammifères, Provencher, Paul
* **Papillons du Québec, Les,** Veilleux, Christian et Prévost, Bernard
Petite ferme, T.1, Les animaux, Trait, Jean-Claude
Vous et vos oiseaux de compagnie, Huard-Viau, Jacqueline
Vous et vos poissons d'aquarium, Ganiel, Sonia
Vous et votre beagle, Eylat, Martin
Vous et votre berger allemand, Eylat, Martin

ANIMAUX

Vous et votre boxer, Herriot, Sylvain
Vous et votre braque allemand, Eylat, Martin
Vous et votre caniche, Shira, Sav
Vous et votre chat de gouttière, Mamzer, Annie
Vous et votre chat tigré, Eylat, Odette
Vous et votre chihuahua, Eylat, Martin
Vous et votre chow-chow, Pierre Boistel
Vous et votre cocker américain, Eylat, Martin
Vous et votre collie, Éthier, Léon
Vous et votre dalmatien, Eylat, Martin
Vous et votre danois, Eylat, Martin
Vous et votre doberman, Denis, Paula
Vous et votre fox-terrier, Eylat, Martin
Vous et votre golden retriever, Denis, Paula
Vous et votre husky, Eylat, Martin
Vous et votre labrador, Van Der Heyden, Pierre
Vous et votre lévrier afghan, Eylat, Martin
Vous et votre lhassa apso, Van Der Heyden, Pierre
Vous et votre persan, Gadi, Sol
Vous et votre petit rongeur, Eylat, Martin
Vous et votre schnauzer, Eylat, Martin
Vous et votre serpent, Deland, Guy
Vous et votre setter anglais, Eylat, Martin
Vous et votre shih-tzu, Eylat, Martin
Vous et votre siamois, Eylat, Odette
Vous et votre teckel, Boistel, Pierre
Vous et votre terre-neuve, Pacreau, Marie-Edmée
Vous et votre yorkshire, Larochelle, Sandra

ARTISANAT/BRICOLAGE

Art du pliage du papier, L', Harbin, Robert
* **Artisanat québécois, T.1,** Simard, Cyril
* **Artisanat québécois, T.2,** Simard, Cyril
* **Artisanat québécois, T.3,** Simard, Cyril
* **Artisanat québécois, T.4,** Simard, Cyril et Bouchard, Jean-Louis
* **Construire des cabanes d'oiseaux,** Dion, André
* **Encyclopédie de la maison québécoise,** Lessard, Michel et Villandré, Gilles
* **Encyclopédie des antiquités,** Lessard, Michel et Marquis, Huguette
* **J'apprends à dessiner,** Nassh, Joanna
Taxidermie moderne, La, Labrie, Jean
* **Tissage, Le,** Grisé-Allard, Jeanne et Galarneau, Germaine
Vitrail, Le, Bettinger, Claude

BIOGRAPHIES

* **Brian Orser - Maître du triple axel,** Orser, Brian et Milton, Steve
* **Dans la fosse aux lions,** Chrétien, Jean
* **Dans la tempête,** Lachance, Micheline
* **Duplessis, T.1 - L'ascension,** Black, Conrad
* **Duplessis, T.2 - Le pouvoir,** Black, Conrad
* **Ed Broadbent - La conquête obstinée du pouvoir,** Steed, Judy
* **Establishment canadien, L',** Newman, Peter C.
* **Larry Robinson,** Robinson, Larry et Goyens, Chrystian
* **Michel Robichaud - Monsieur Mode,** Charest, Nicole
* **Monopole, Le,** Francis, Diane
* **Nouveaux riches, Les,** Newman, Peter C.
* **Paul Desmarais - Un homme et son empire,** Greber, Dave
* **Plamondon - Un cœur de rockeur,** Godbout, Jacques
* **Prince de l'Église, Le,** Lachance, Micheline
* **Québec Inc.,** Fraser, M.
* **Rick Hansen - Vivre sans frontières,** Hansen, Rick et Taylor, Jim
* **Saga des Molson, La,** Woods, Shirley
* **Sous les arches de McDonald's,** Love, John F.
* **Trétiak, entre Moscou et Montréal,** Trétiak, Vladislav

BIOGRAPHIES

* **Une femme au sommet - Son excellence Jeanne Sauvé,** Woods, Shirley E.

CARRIÈRE/VIE PROFESSIONNELLE

* **Choix de carrières, T.1,** Milot, Guy
* **Choix de carrières, T.2,** Milot, Guy
* **Choix de carrières, T.3,** Milot, Guy
Comment rédiger son curriculum vitae, Brazeau, Julie
Guide du succès, Le, Hopkins, Tom
* **Je cherche un emploi,** Brazeau, Julie
Parlez pour qu'on vous écoute, Brien, Michèle
Relations publiques, Les, Doin, Richard et Lamarre, Daniel
Techniques de vente par téléphone, Porterfield, J.-D.
* **Test d'aptitude pour choisir sa carrière,** Barry, Linda et Gale
Une carrière sur mesure, Lemyre-Desautels, Denise
Vente, La, Hopkins, Tom

CUISINE

* **À table avec Sœur Angèle,** Sœur Angèle
* **Art d'apprêter les restes, L',** Lapointe, Suzanne
Barbecue, Le, Dard, Patrice
* **Biscuits, brioches et beignes,** Saint-Pierre, A.
* **Boîte à lunch, La,** Lambert-Lagacé, Louise
Brunches et petits déjeuners en fête, Bergeron, Yolande
100 recettes de pain faciles à réaliser, Saint-Pierre, Angéline
* **Confitures, Les,** Godard, Misette
Congélation de A à Z, La, Hood, Joan
Congélation des aliments, La, Lapointe, Suzanne
Conserves, Les, Sœur Berthe
Crème glacée et sorbets, Lebuis, Yves et Pauzé, Gilbert
Crêpes, Les, Letellier, Julien
Cuisine au wok, Solomon, Charmaine
Cuisine aux micro-ondes 1 et 2 portions, Marchand, Marie-Paul
* **Cuisine chinoise traditionnelle, La,** Chen, Jean
* **Cuisine créative Campbell, La,** Cie Campbell
Cuisine facile aux micro-ondes, Saint-Amour, Pauline
* **Cuisine joyeuse de Sœur Angèle, La,** Sœur Angèle
Cuisine micro-ondes, La, Benoît, Jehane
* **Cuisine santé pour les aînés,** Hunter, Denyse
Cuisiner avec le four à convection, Benoît, Jehane
* **Cuisiner avec les champignons sauvages du Québec,** Leclerc, Claire L.
Faire son pain soi-même, Murray Gill, Janice
* **Faire son vin soi-même,** Beaucage, André
Fine cuisine aux micro-ondes, La, Dard, Patrice
Fondues et flambées de maman Lapointe, Lapointe, Suzanne
Fondues, Les, Dard, Patrice
Je me débrouille en cuisine, Richard, Diane
Livre du café, Le, Letellier, Julien
Menus pour recevoir, Letellier, Julien
Muffins, Les, Clubb, Angela
Nouvelle cuisine micro-ondes I, La, Marchand, Marie-Paul et Grenier, Nicole
Nouvelles cuisine micro-ondes II, La, Marchand, Marie-Paul et Grenier, Nicole
Omelettes, Les, Letellier, Julien
Pâtes, Les, Letellier, Julien
* **Pâtisserie, La,** Bellot, Maurice-Marie
* **Recettes au blender,** Huot, Juliette
* **Recettes de gibier,** Lapointe, Suzanne
* **Robot culinaire, Le,** Martin, Pol

DIÉTÉTIQUE

Combler ses besoins en calcium, Hunter, Denyse
* **Compte-calories, Le,** Brault-Dubuc, M. et Caron Lahaie, L.
* **Cuisine du monde entier avec Weight Watchers,** Weight Watchers
Cuisine sage, Une, Lambert-Lagacé, Louise
Défi alimentaire de la femme, Le, Lambert-Lagacé, Louise
* **Diète Rotation, La,** Katahn, Dr Martin
* **Diététique dans la vie quotidienne,** Lambert-Lagacé, Louise
Livre des vitamines, Le, Mervyn, Leonard
Menu de santé, Lambert-Lagacé, Louise
Oubliez vos allergies, et... bon appétit, Association de l'information sur les allergies
* **Petite et grande cuisine végétarienne,** Bédard, Manon
* **Plan d'attaque Weight Watchers, Le,** Nidetch, Jean
* **Plan d'attaque Plus Weight Watchers, Le,** Nidetch, Jean
* **Régimes pour maigrir,** Beaudoin, Marie-Josée
Sage bouffe de 2 à 6 ans, La, Lambert-Lagacé, Louise
* **Weight Watchers - Cuisine rapide et savoureuse,** Weight Watchers
* **Weight Watchers - Agenda 85 - Français,** Weight Watchers
* **Weight Watchers - Agenda 85 - Anglais,** Weight Watchers
* **Weight Watchers - Programme - Succès Rapide,** Weight Watchers

ENFANCE

* **Aider son enfant en maternelle,** Pedneault-Pontbriand, Louise
Années clés de mon enfant, Les, Caplan, Frank et Thérèsa
Art de l'allaitement maternel, L', Ligue internationale La Leche
Avoir un enfant après 35 ans, Robert, Isabelle
Bientôt maman, Whalley, J., Simkin, P. et Keppler, A.
Comment nourrir son enfant, Lambert-Lagacé, Louise
Deuxième année de mon enfant, La, Caplan, Frank et Thérèsa
Développement psychomoteur du bébé, Calvet, Didier
Douze premiers mois de mon enfant, Les, Caplan, Frank
* **En attendant notre enfant,** Pratte-Marchessault, Yvette
* **Enfant unique, L',** Peck, Ellen
Évoluer avec ses enfants, Gagné, Pierre-Paul
Exercices aquatiques pour les futures mamans, Dussault, J. et Demers, C.
* **Femme enceinte, La,** Bradley, Robert A.
* **Futur père,** Pratte-Marchessault, Yvette
Jouons avec les lettres, Doyon-Richard, Louise
Langage de votre enfant, Le, Langevin, Claude
Mal des mots, Le, Thériault, Denise
Manuel Johnson et Johnson des premiers soins, Le, Rosenberg, Dr Stephen N.
Massage des bébés, Le, Auckette, Amédia D.
Mon enfant naîtra-t-il en bonne santé? Scher, Jonathan et Dix, Carol
* **Pour bébé, le sein ou le biberon?** Pratte-Marchessault, Yvette
* **Pour vous future maman,** Sekely, Trude
Préparez votre enfant à l'école, Doyon-Richard, Louise
Psychologie de l'enfant de 0 à 10 ans, Cholette-Pérusse, Françoise
Respirations et positions d'accouchement, Dussault, Joanne
Soins de la première année de bébé, Les, Kelly, Paula
Tout se joue avant la maternelle, Ibuka, Masaru

ÉSOTÉRISME

Avenir dans les feuilles de thé, L, Fenton, Sasha
Graphologie, La, Santoy, Claude
Interprétez vos rêves, Stanké, Louis
Lignes de la main, Stanké, Louis
Lire dans les lignes de la main, Morin, Michel
Vos rêves sont des miroirs, Cayla, Henri
Votre avenir par les cartes, Stanké, Louis

HISTOIRE

* **Arrivants, Les,** Collectif
* **Civilisation chinoise, La,** Guay, Michel
* **Or des cavaliers thraces, L',** Palais de la civilisation
* **Samuel de Champlain,** Armstrong, Joe C.W.

JARDINAGE

* **Chasse-insectes pour jardins, Le,** Michaud, O.
* **Comment cultiver un jardin potager,** Trait, J.-C.
* **Encyclopédie du jardinier,** Perron, W. H.
* **Guide complet du jardinage,** Wilson, Charles
J'aime les azalées, Deschênes, Josée
J'aime les cactées, Lamarche, Claude
J'aime les rosiers, Pronovost, René
J'aime les tomates, Berti, Victor
J'aime les violettes africaines, Davidson, Robert
Jardin d'herbes, Le, Prenis, John
* **Je me débrouille en aménagement extérieur,** Bouillon, Daniel et Boisvert, Claude
* **Petite ferme, T.2- Jardin potager,** Trait, Jean-Claude
* **Plantes d'intérieur, Les,** Pouliot, Paul
* **Techniques de jardinage, Les,** Pouliot, Paul
Terrariums, Les, Kayatta, Ken

JEUX/DIVERTISSEMENTS

* **Améliorons notre bridge,** Durand, Charles
* **Bridge, Le,** Beaulieu, Viviane
* **Clés du scrabble, Les,** Sigal, Pierre A.
Dictionnaire des mots croisés, noms communs, Lasnier, Paul
Dictionnaire des mots croisés, noms propres, Piquette, Robert
Dictionnaire raisonné des mots croisés, Charron, Jacqueline
* **Jouons ensemble,** Provost, Pierre
Livre des patiences, Le, Bezanovska, M. et Kitchevats, P.
Monopoly, Orbanes, Philip
* **Ouverture aux échecs,** Coudari, Camille
* **Scrabble, Le,** Gallez, Daniel
Techniques du billard, Morin, Pierre

LINGUISTIQUE

Anglais par la méthode choc, L', Morgan, Jean-Louis
J'apprends l'anglais, Sillicani, Gino et Grisé-Allard, Jeanne
* **Secrétaire bilingue, La,** Lebel, Wilfrid

LIVRES PRATIQUES

* **Acheter ou vendre sa maison,** Brisebois, Lucille
* **Assemblées délibérantes, Les,** Girard, Francine
Chasse-insectes dans la maison, Le, Michaud, O.
Chasse-taches, Le, Cassimatis, Jack
* **Comment réduire votre impôt,** Leduc-Dallaire, Johanne
* **Guide de la haute-fidélité, Le,** Prin, Michel
Je me débrouille en aménagement intérieur, Bouillon, Daniel et Boisvert, Claude
Livre de l'étiquette, Le, du Coffre, Marguerite
* **Loi et vos droits, La,** Marchand, Me Paul-Émile
* **Maîtriser son doigté sur un clavier,** Lemire, Jean-Paul
* **Mécanique de mon auto, La,** Time-Life
* **Mon automobile,** Collège Marie-Victorin et Gouv. du Québec
Notre mariage (étiquette et planification), du Coffre, Marguerite
* **Petits appareils électriques,** Collaboration
Petit guide des grands vins, Le, Orhon, Jacques
* **Piscines, barbecues et patio,** Collaboration
* **Roulez sans vous faire rouler, T.3,** Edmonston, Philippe
Séjour dans les auberges du Québec, Cazelais, Normand et Coulon, Jacques
Se protéger contre le vol, Kabundi, Marcel et Normandeau, André
* **Tout ce que vous devez savoir sur le condominium,** Dubois, Robert
Univers de l'astronomie, L', Tocquet, Robert
Week-end à New York, Tavernier-Cartier, Lise

MUSIQUE

Chant sans professeur, Le, Hewitt, Graham
Guitare, La, Collins, Peter
Guitare sans professeur, La, Evans, Roger
Piano sans professeur, Le, Evans, Roger
Solfège sans professeur, Le, Evans, Roger

NOTRE TRADITION

* **Encyclopédie du Québec, T.2,** Landry, Louis
Généalogie, La, Faribeault-Beauregard, M. et Beauregard Malak, E.
* **Maison traditionnelle au Québec, La,** Lessard, Michel
* **Moulins à eau de la vallée du Saint-Laurent, Les,** Villeneuve, Adam
* **Sculpture ancienne au Québec, La,** Porter, John R. et Bélisle, Jean
* **Temps des fêtes au Québec, Le,** Montpetit, Raymond

PHOTOGRAPHIE

Apprenez la photographie avec Antoine Désilets, Désilets, Antoine
8/Super 8/16, Lafrance, André
Fabuleuse lumière canadienne, Hines, Sherman
* **Initiation à la photographie,** London, Barbara
* **Initiation à la photographie-Canon,** London, Barbara
* **Initiation à la photographie-Minolta,** London, Barbara
* **Initiation à la photographie-Nikon,** London, Barbara

PHOTOGRAPHIE

* **Initiation à la photographie-Olympus,** London, Barbara
* **Initiation à la photographie-Pentax,** London, Barbara
Photo à la portée de tous, La, Désilets, Antoine

PSYCHOLOGIE

Aider mon patron à m'aider, Houde, Eugène
* **Amour de l'exigence à la préférence, L',** Auger, Lucien
Apprivoiser l'ennemi intérieur, Bach, Dr G. et Torbet, L.
Art d'aider, L', Carkhuff, Robert R.
Auto-développement, L', Garneau, Jean
* **Bonheur au travail, Le,** Houde, Eugène
Bonheur possible, Le, Blondin, Robert
Ces hommes qui méprisent les femmes... et les femmes qui les aiment, Forward, Dr S. et Torres, J.
Changer ensemble, les étapes du couple, Campbell, Suzan M.
Chimie de l'amour, La, Liebowitz, Michael
Comment animer un groupe, Office Catéchèse
Comment déborder d'énergie, Simard, Jean-Paul
Communication dans le couple, La, Granger, Luc
Communication et épanouissement personnel, Auger, Lucien
Contact, Zunin, L. et N.
Découvrir un sens à sa vie avec la logothérapie, Frankl, D^r V.
* **Dynamique des groupes,** Aubry, J.-M. et Saint-Arnaud, Y.
Élever des enfants sans perdre la boule, Auger, Lucien
Enfants de l'autre, Les, Paris, Erna
Être soi-même, Corkille Briggs, D.
Facteur chance, Le, Gunther, Max
Infidélité, L', Leigh, Wendy
Intuition, L', Goldberg, Philip
* **J'aime,** Saint-Arnaud, Yves
Journal intime intensif, Le, Progoff, Ira
Mensonge amoureux, Le, Blondin, Robert
Parce que je crois aux enfants, Ruffo, Andrée
Parle-moi... j'ai des choses à te dire, Salomé, Jacques
Perdant / Gagnant - Réussissez vos échecs, Hyatt, Carole et Gottlieb, Linda
* **Personne humaine, La ,** Saint-Arnaud, Yves
* **Plaisirs du stress, Les,** Hanson, Dr Peter, G.
Pourquoi l'autre et pas moi? - Le droit à la jalousie, Auger, Dr Louise
Prévenir et surmonter la déprime, Auger, Lucien
* **Prévoir les belles années de la retraite,** D. Gordon, Michael
* **Psychologie de l'amour romantique,** Branden, D^r N.
Puissance de l'intention, La, Leider, R.-J.
S'affirmer et communiquer, Beaudry, Madeleine et Boisvert, J.R.
S'aider soi-même, Auger, Lucien
S'aider soi-même d'avantage, Auger, Lucien
* **S'aimer pour la vie,** Wanderer, Dr Zev
Savoir organiser, savoir décider, Lefebvre, Gérald
Savoir relaxer pour combattre le stress, Jacobson, Dr Edmund
Se changer, Mahoney, Michael
Se comprendre soi-même par les tests, Collectif
Se connaître soi-même, Artaud, Gérard
Se créer par la Gestalt, Zinker, Joseph
* **Se guérir de la sottise,** Auger, Lucien
Si seulement je pouvais changer! Lynes, P.
Tendresse, La, Wolfl, N.
Vaincre ses peurs, Auger, Lucien
Vivre avec sa tête ou avec son cœur, Auger, Lucien

ROMANS/ESSAIS/DOCUMENTS

* **Baie d'Hudson, La,** Newman, Peter, C.
* **Conquérants des grands espaces, Les,** Newman, Peter, C.
* **Des Canadiens dans l'espace,** Dotto, Lydia
* **Dieu ne joue pas aux dés,** Laborit, Henri
* **Frères divorcés, Les,** Godin, Pierre
* **Insolences du Frère Untel, Les,** Desbiens, Jean-Paul
* **J'parle tout seul,** Coderre, Émile
Option Québec, Lévesque, René
* **Oui,** Lévesque, René
* **Provigo,** Provost, René et Chartrand, Maurice
Sur les ailes du temps (Air Canada), Smith, Philip
* **Telle est ma position,** Mulroney, Brian
* **Trois semaines dans le hall du Sénat,** Hébert, Jacques
* **Un second souffle,** Hébert, Diane

SANTÉ/BEAUTÉ

* **Ablation de la vésicule biliaire, L',** Paquet, Jean-Claude
* **Ablation des calculs urinaires, L',** Paquet, Jean-Claude
* **Ablation du sein, L',** Paquet, Jean-claude
* **Allergies, Les,** Delorme, Dr Pierre
Bien vivre sa ménopause, Gendron, Dr Lionel
Charme et sex-appeal au masculin, Lemelin, Mireille
Chasse-rides, Leprince, C.
* **Chirurgie vasculaire, La,** Paquet, Jean-Claude
Comment devenir et rester mince, Mirkin, Dr Gabe
De belles jambes à tout âge, Lanctôt, D^r^ G.
* **Dialyse et la greffe du rein, La,** Paquet, Jean-Claude
Être belle pour la vie, Bronwen, Meredith
Glaucomes et les cataractes, Les, Paquet, Jean-Claude
* **Grandir en 100 exercices,** Berthelet, Pierre
* **Hernies discales, Les,** Paquet, Jean-Claude
Hystérectomie, L', Alix, Suzanne
Maigrir: La fin de l'obsession, Orbach, Susie
* **Malformations cardiaques congénitales, Les,** Paquet, Jean-Claude
Maux de tête et migraines, Meloche, Dr J. , Dorion, J.
Perdre son ventre en 30 jours H-F, Burstein, Nancy et Roy, Matthews
* **Pontage coronarien, Le,** Paquet, Jean-Claude
* **Prothèses d'articulation,** Paquet, Jean-Claude
* **Redressements de la colonne,** Paquet, Jean-Claude
* **Remplacements valvulaires, Les,** Paquet, Jean-Claude
Ronfleurs, réveillez-vous, Piché, Dr J. et Delage, J.
Syndrome prémenstruel, Le, Shreeve, Dr Caroline
Travailler devant un écran, Feeley, Dr Helen
30 jours pour avoir de beaux cheveux, Davis, Julie
30 jours pour avoir de beaux ongles, Bozic, Patricia
30 jours pour avoir de beaux seins, Larkin, Régina
30 jours pour avoir de belles fesses, Cox, D. et Davis, Julie
30 jours pour avoir un beau teint, Zizmon, Dr Jonathan
30 jours pour cesser de fumer, Holland, Gary et Weiss, Herman
30 jours pour mieux s'organiser, Holland, Gary
30 jours pour redevenir un couple amoureux, Nida, Patricia et Cooney, Kevin
30 jours pour un plus grand épanouissement sexuel, Schneider, A.
Vos dents, Kandelman, Dr Daniel
Vos yeux, Chartrand, Marie et Lepage-Durand, Micheline

SEXUALITÉ

Contacts sexuels sans risques, I.A.S.H.S.
* **Guide illustré du plaisir sexuel,** Corey, Dr Robert et Helg, E.
Ma sexualité de 0 à 6 ans, Robert, Jocelyne
Ma sexualité de 6 à 9 ans, Robert, Jocelyne
Ma sexualité de 9 à 12 ans, Robert, Jocelyne
Mille et une bonnes raisons pour le convaincre d'enfiler un condom et pourquoi c'est important pour vous..., Bretman, Patti, Knutson, Kim et Reed, Paul
* **Nous on en parle,** Lamarche, M. et Danheux, P.
Pour jeunes seulement, photoroman d'éducation à la sexualité, Robert, Jocelyne
Sexe au féminin, Le, Kerr, Carmen
Sexualité du jeune adolescent, La, Gendron, Lionel
Shiatsu et sensualité, Rioux, Yuki
* **100 trucs de billard,** Morin, Pierre

SPORTS

Apprenez à patiner, Marcotte, Gaston
Arc et la chasse, L', Guardo, Greg
Armes de chasse, Les, Petit-Martinon, Charles
Badminton, Le, Corbeil, Jean
* **Canadiens de 1910 à nos jours, Les,** Turowetz, Allan et Goyens, C.
Carte et boussole, Kjellstrom, Bjorn
Comment se sortir du trou au golf, Brien, Luc
Comment vivre dans la nature, Rivière, Bill
Corrigez vos défauts au golf, Bergeron, Yves
* **Curling, Le,** Lukowich, E.
De la hanche aux doigts de pieds, Schneider, Myles J. et Sussman, Mark D.
Devenir gardien de but au hockey, Allaire, François
Golf au féminin, Le, Bergeron, Yves
Grand livre des sports, Le, Groupe Diagram
Guide complet de la pêche à la mouche, Le, Blais, J.-Y.
Guide complet du judo, Le, Arpin, Louis
Guide complet du self-defense, Le, Arpin, Louis
Guide de l'alpinisme, Le, Cappon, Massimo
Guide de la survie de l'armée américaine, Le, Collectif
Guide des jeux scouts, Association des scouts
Guide du trappeur, Le, Provencher, Paul
Initiation à la planche à voile, Wulff, D. et Morch, K.
J'apprends à nager, Lacoursière, Réjean
Je me débrouille à la chasse, Richard, Gilles et Vincent, Serge
Je me débrouille à la pêche, Vincent, Serge
Je me débrouille à vélo, Labrecque, Michel et Boivin, Robert
Je me débrouille dans une embarcation, Choquette, Robert
Jogging, Le, Chevalier, Richard
* **Jouez gagnant au golf,** Brien, Luc
* **Larry Robinson, le jeu défensif,** Robinson, Larry
Manuel de pilotage, Transport Canada
Marathon pour tous, Le, Anctil, Pierre
Maxi-performance, Garfield, Charles A. et Bennett, Hal Zina
Mon coup de patin, Wild, John
Musculation pour tous, La, Laferrière, Serge
* **Partons en camping,** Satterfield, Archie et Bauer, Eddie
Partons sac au dos, Satterfield, Archie et Bauer, Eddie
Passes au hockey, Chapleau, Claude
Pêche à la mouche, La, Marleau, Serge
Pêche à la mouche, Vincent, Serge
Planche à voile, La, Maillefer, Gérard
Programme XBX, Aviation Royale du Canada
Racquetball, Corbeil, Jean
Racquetball plus, Corbeil, Jean
Rivières et lacs canotables, Fédération québécoise du canot-camping
S'améliorer au tennis, Chevalier Richard
Saumon, Le, Dubé, J.-P.

SPORTS

Secrets du baseball, Les, Raymond, Claude
Ski de randonnée, Le, Corbeil, Jean
Taxidermie, La, Labrie, Jean
Taxidermie moderne, La, Labrie, Jean
Techniques du billard, Morin, Pierre
Techniques du golf, Brien, Luc
Techniques du hockey en URSS, Dyotte, Guy
Techniques du ski alpin, Campbell, S., Lundberg, M.
Techniques du tennis, Ellwanger
Tennis, Le, Roch, Denis
* **Viens jouer**, Villeneuve, Michel José
Vivre en forêt, Provencher, Paul
Volley-ball, Le, Fédération de volley-ball

le jour, éditeur

ANIMAUX

* **Poissons de nos eaux,** Melançon, Claude

ACTUALISATION

Agressivité créatrice, L' - La nécessité de s'affirmer, Bach, Dr G.-R., Goldberg, Dr H.
Aimer, c'est choisir d'être heureux, Kaufman, B.-N.
Arrête! tu m'exaspères - Protéger son territoire, Bach, Dr G., Deutsch, R.
Ennemis intimes, Bach, Dr G., Wyden, P.
Enseignants efficaces - Enseigner et être soi-même, Gordon, Dr T.
États d'esprit, Glasser, W.
Focusing - Au centre de soi, Gendlin, Dr E.T.
Jouer le tout pour le tout, le jeu de la vie, Frederick, C.
Manifester son affection -De la solitude à l'amour, Bach, Dr G., Torbet, L.
Miracle de l'amour, Kaufman, B.-N.
Nouvelles relations entre hommes et femmes, Goldberg, Dr H.
* **Parents efficaces,** Gordon, Dr T.
Se vider dans la vie et au travail - Burnout, Pines, A. , Aronson, E.
Secrets de la communication, Les, Bandler, R., Grinder, J.

DIVERS

* **Coopératives d'habitation, Les,** Leduc, Murielle
* **Hiérarchie ethnique dans la grande entreprise,** Rainville, Jean
* **Initiation au coopératisme,** Bédard, Claude
* **Lune de trop, Une,** Gagnon, Alphonse

ÉSOTÉRISME

Astrologie pratique, L', Reinicke, Wolfgang
Grand livre de la cartomancie, Le, Von Lentner, G.
Grand livre des horoscopes chinois, Le, Lau, Theodora
* **Horoscope chinois**, Del Sol, Paula
Lu dans les cartes, Jones, Marthy
Synastrie, La, Thornton, Penny
Traité d'astrologie, Hirsig, H.

GUIDES PRATIQUES/JEUX/LOISIRS

* **1,500 prénoms et significations**, Grisé-Allard, J.
* **Backgammon**, Lesage, D.

NOTRE TRADITION

* **Lettre à un Français qui veut émigrer au Québec**, Dubuc, Carl

PSYCHOLOGIE/VIE AFFECTIVE ET PROFESSIONNELLE

Adieu, Halpern, Dr Howard
Adieu Tarzan, Franks, Helen
Aimer son prochain comme soi-même, Murphy, Dr Joseph
* **Anti-stress, L'**, Eylat, Odette
Apprendre à vivre et à aimer, Buscaglia, L.
Art d'engager la conversation et de se faire des amis, L', Gabor, Don
Art de convaincre, L', Heinz, Ryborz
* **Art d'être égoïste, L'**, Kirschner, Joseph
Autre femme, L', Sévigny, Hélène
Bains flottants, Les, Hutchison, Michael
Ces hommes qui ne communiquent pas, Naifeh S. et White, S.G.
Ces vérités vont changer votre vie, Murphy, Dr Joseph
Comment aimer vivre seul, Shanon, Lynn
Comment dominer et influencer les autres, Gabriel, H.W.
Comment faire l'amour à la même personne pour le reste de votre vie!, O'Connor, D.
Comment faire l'amour à une femme, Morgenstern, M.
Comment faire l'amour à un homme, Penney, A.
Comment faire l'amour ensemble, Penney, A.
Contacts en or avec votre clientèle, Sapin Gold, Carol
Contrôle de soi par la relaxation, Le, Marcotte, Claude
Dire oui à l'amour, Buscaglia, Léo
* **Famille moderne et son avenir, La**, Richards, Lyn
Femme de demain, Keeton, K.
Gestalt, La, Polster, Erving
Homme au dessert, Un, Friedman, Sonya
Homme nouveau, L', Bodymind, Dychtwald Ken
Influence de la couleur, L', Wood, Betty
Jeux de nuit, Bruchez, C.
Maigrir sans obsession, Orbach, Susie
Maîtriser son destin, Kirschner, Joseph
Massage en profondeur, Le, Painter, J., Bélair, M.
Mémoire, La, Loftus, Élizabeth
* **Mémoire à tout âge, La**, Dereskey, Ladislaus
Miracle de votre esprit, Le, Murphy, Dr Joseph
Négocier entre vaincre et convaincre, Warschaw, Dr Tessa
On n'a rien pour rien, Vincent, Raymond
Oracle de votre subconscient, L', Murphy, Dr Joseph

PSYCHOLOGIE/VIE AFFECTIVE ET PROFESSIONNELLE

Passion du succès, La, Vincent, R.
Pensée constructive et bon sens, La, Vincent, Raymond
* **Personnalité, La,** Buscaglia, Léo
Petit répertoire des excuses, Le, Charbonneau, C., Caron, N.
Pourquoi remettre à plus tard?, Burka, Jane B., Yuen, L.M.
Pouvoir de votre cerveau, Le, Brown, Barbara
Puissance de votre subconscient, La, Murphy, Dr Joseph
Réfléchissez et devenez riche, Hill, Napoleon
S'aimer ou le défi des relations humaines, Buscaglia, Léo
Sexualité expliquée aux adolescents, La, Boudreau, Y.
Succès par la pensée constructive, Le, Hill, Napoleon et Stone, W.-C.
Transformez vos faiblesses en force, Bloomfield, Dr Harold
Triomphez de vous-même et des autres, Murphy, Dr Joseph
Univers de mon subconscient, L', Vincent, Raymond
Vaincre la dépression par la volonté et l'action, Marcotte, Claude
Vieillir en beauté, Oberleder, Muriel
Vivre avec les imperfections de l'autre, Janda, Dr Louis H.
Vivre c'est vendre, Chaput, Jean-Marc

ROMANS/ESSAIS

* **Affrontement, L',** Lamoureux, Henri
* **C't'a ton tour Laura Cadieux,** Tremblay, Michel
* **Cœur de la baleine bleue, Le,** Poulin, Jacques
* **Coffret petit jour,** Martucci, Abbé Jean
* **Contes pour buveurs attardés,** Tremblay, Michel
* **De Z à A,** Losique, Serge
* **Femmes et politique,** Cohen, Yolande
* **Il est par là le soleil,** Carrier, Roch
* **Jean-Paul ou les hasards de la vie,** Bellier, Marcel
* **Neige et le feu, La,** Baillargeon, Pierre
* **Objectif camouflé,** Porter, Anna
* **Oslovik fait la bombe,** Oslovik
* **Train de Maxwell, Le,** Hyde, Christopher
* **Vatican -Le trésor de St-Pierre,** Malachi, Martin

SANTÉ

Tao de longue vie, Le, Soo, Chee
Vaincre l'insomnie, Filion, Michel et Boisvert, Jean-Marie

SPORT

* **Guide des rivières du Québec,** Fédération cano-kayac
* **Ski nordique de randonnée,** Brady, Michael

TÉMOIGNAGES

Merci pour mon cancer, De Villemarie, Michelle

Quinze

COLLECTIFS DE NOUVELLES

* **Aimer,** Beaulieu, V.-L., Berthiaume, A., Carpentier, A., Daviau, D.-M., Major, A., Provencher, M., Proulx, M., Robert, S. et Vonarburg, E.
* **Crever l'écran,** Baillargeon, P., Éthier-Blais, J., Blouin, C.-R., Jacob, S., Jean, M., Laberge, M., Lanctôt, M., Lefebvre, J.-P., Petrowski, N. et Poupart, J.-M.
* **Dix contes et nouvelles fantastiques,** April, J.-P., Barcelo, F., Bélil, M., Belleau, A., Brossard, J., Brulotte, G., Carpentier, A., Major, A., Soucy, J.-Y. et Thériault, M.-J.
* **Dix nouvelles de science-fiction québécoise,** April, J.-P., Barbe, J., Provencher, M., Côté, D., Dion, J., Pettigrew, J., Pelletier, F., Rochon, E., Sernine, D., Sévigny, M. et Vonarburg, E.
* **Dix nouvelles humoristiques,** Audet, N., Barcelo, F., Beaulieu, V.-L., Belleau, A., Carpentier, A., Ferron, M., Harvey, P., Pellerin, G., Poupart, J.-M. et Villemaire, Y.
* **Fuites et poursuites,** Archambault, G., Beauchemin, Y., Bouyoucas, P., Brouillet,C., Carpentier, A., Hébert, F., Jasmin, C., Major, A., Monette, M. et Poupart, J.-M.
* **L'aventure, la mésaventure,** Andrès, B., Beaumier, J.-P., Bergeron, B., Brulotte, G., Gagnon, D., Karch, P., LaRue, M., Monette, M. et Rochon, E.

DIVERS

* **Beauté tragique,** Robertson, Heat
* **Canada — Les débuts héroïques,** Creighton, Donald
* **Défi québécois, Le,** Monnet, François-Marie
* **Difficiles lettres d'amour,** Garneau, Jacques
* **Esprit libre, L',** Powell, Robert
* **Grand branle-bas, Le,** Hébert, Jacques et Strong, Maurice F.
* **Histoire des femmes au Québec, L',** Collectif, CLIO
* **Mémoires de J. E. Bernier, Les,** Therrien, Paul

DIVERS

* **Mythe de Nelligan, Le,** Larose, Jean
* **Nouveau Canada à notre mesure,** Matte, René
* **Papineau,** De Lamirande, Claire
* **Personne ne voudrait savoir,** Schirm, François
* **Philosophe chat, Le,** Savoie, Roger
* **Pour une économie du bon sens,** Bailey, Arthur
* **Québec sans le Canada, Le,** Harbron, John D.
* **Qui a tué Blanche Garneau?,** Bertrand, Réal
* **Réformiste, Le,** Godbout, Jacques
* **Relations du travail,** Centre des dirigeants d'entreprise
* **Sauver le monde,** Sanger, Clyde
* **Silences à voix haute,** Harel, Jean-Pierre

LIVRES DE POCHES 10 /10

* **37 1/2 AA,** Leblanc, Louise
* **Aaron,** Thériault, Yves
* **Agaguk,** Thériault, Yves
* **Blocs erratiques,** Aquin, Hubert
* **Bousille et les justes,** Gélinas, Gratien
* **Chère voisine,** Brouillet, Chrystine
* **Cul-de-sac,** Thériault, Yves
* **Demi-civilisés, Les,** Harvey, Jean-Charles
* **Dernier havre, Le,** Thériault, Yves
* **Double suspect, Le,** Monette, Madeleine
* **Faire sa mort comme faire l'amour,** Turgeon, Pierre
* **Fille laide, La,** Thériault, Yves
* **Fuites et poursuites,** Collectif
* **Première personne, La,** Turgeon, Pierre
* **Scouine, La,** Laberge, Albert
* **Simple soldat, Un,** Dubé, Marcel
* **Souffle de l'Harmattan, Le,** Trudel, Sylvain
* **Tayaout,** Thériault, Yves

LIVRES JEUNESSE

* **Marcus, fils de la louve,** Guay, Michel et Bernier, Jean

MÉMOIRES D'HOMME

* **À diable-vent,** Gauthier Chassé, Hélène
* **Barbes-bleues, Les,** Bergeron, Bertrand
* **C'était la plus jolie des filles,** Deschênes, Donald
* **Bête à sept têtes et autres contes de la Mauricie, La,** Legaré, Clément
* **Contes de bûcherons,** Dupont, Jean-Claude
* **Corbeau du Mont-de-la-Jeunesse, Le,** Desjardins, Philémon et Lamontagne, Gilles
* **Guide raisonné des jurons,** Pichette, Jean
* **Menteries drôles et merveilleuses,** Laforte, Conrad
* **Oiseau de la vérité, L',** Aucoin, Gérard
* **Pierre La Fève et autres contes de la Mauricie,** Legaré, Clément

ROMANS/THÉÂTRE

* **1, place du Québec, Paris VIe,** Saint-Georges, Gérard
* **7° de solitude ouest,** Blondin, Robert
* **37 1/2 AA,** Leblanc, Louise
* **Ah! l'amour l'amour,** Audet, Noël
* **Amantes,** Brossard, Nicole
* **Amour venin, L',** Schallingher, Sophie
* **Aube de Suse, L',** Forest, Jean
* **Aventure de Blanche Morti, L',** Beaudin-Beaupré, Aline
* **Baby-boomers,** Vigneault, Réjean
* **Belle épouvante, La,** Lalonde, Robert
* **Black Magic,** Fontaine, Rachel
* **Cœur sur les lèvres, Le,** Beaudin-Beaupré, Aline
* **Confessions d'un enfant d'un demi-siècle,** Lamarche, Claude
* **Coup de foudre,** Brouillet, Chrystine
* **Couvade, La,** Baillie, Robert
* **Danseuses et autres nouvelles, Les,** Atwood, Margaret
* **Double suspect, Le,** Monette, Madeleine
* **Entre temps,** Marteau, Robert
* **Et puis tout est silence,** Jasmin, Claude
* **Été sans retour, L',** Gevry, Gérard
* **Filles de beauté, Des,** Baillie, Robert
* **Fleur aux dents, La,** Archambault, Gilles
* **French Kiss,** Brossard, Nicole
* **Fridolinades, T. 1, (1945-1946),** Gélinas, Gratien
* **Fridolinades, T. 2, (1943-1944),** Gélinas, Gratien
* **Fridolinades, T. 3, (1941-1942),** Gélinas, Gratien
* **Fridolinades, T. 4, (1938-39-40),** Gélinas, Gratien
* **Grand rêve de Madame Wagner, Le,** Lavigne, Nicole
* **Héritiers, Les,** Doyon, Louise
* **Hier, les enfants dansaient,** Gélinas, Gratien
* **Holyoke,** Hébert, François
* **IXE-13,** Saurel, Pierre
* **Jérémie ou le Bal des pupilles,** Gendron, Marc
* **Livre, Un,** Brossard, Nicole
* **Loft Story,** Sansfaçon, Jean-Robert
* **Maîtresse d'école, La,** Dessureault, Guy
* **Marquée au corps,** Atwood, Margaret
* **Mensonge de Maillard, Le,** Lavoie, Gaétan
* **Mémoire de femme, De,** Andersen, Marguerite
* **Mère des herbes, La,** Marchessault, Jovette
* **Mrs Craddock,** Maugham, W. Somerset
* **Nouvelle Alliance, La,** Fortier, Jacques
* **Nuit en solo,** Pollak, Véra
* **Ours, L',** Engel, Marian
* **Passeport pour la liberté,** Beaudet, Raymond
* **Petites violences,** Monette, Madeleine
* **Père de Lisa, Le,** Fréchette, José
* **Plaisirs de la mélancolie,** Archambault, Gilles
* **Pop Corn,** Leblanc, Louise
* **Printemps peut attendre, Le,** Dahan, Andrée
* **Rose-Rouge,** Pollak, Véra
* **Sang de l'or, Le,** Leblanc, Louise
* **Sold Out,** Brossard, Nicole
* **Souffle de l'Harmattan, Le,** Trudel, Sylvain
* **So Uk,** Larche, Marcel
* **Triangle brisé, Le,** Latour, Christine
* **Vaincre sans armes,** Descarries, Michel et Thérèse
* **Y'a pas de métro à Gélude-la-Roche,** Martel, Pierre

Achevé d'imprimer au Canada
Imprimerie Gagné Ltée Louiseville